법문
편지

만번의 감사
만번의 행복

안세명 지음

만번의 감사
만번의 행복

깊은 산

너른 강

나無 숲

님께 드립니다.

깊은 산. 너른 강. 나無 숲

작가의 말

"감사합니다. 행복합니다."
지난 삼천일, 수없이 마음에 새겼던 주문呪文입니다.
그렇게 8년 전 시작한『만번의 감사, 만번의 행복』법문편지는 하루하루 일기장에 써 내려간 나의 하얀 고백告白입니다. 감내하기 힘들었던 경계를 감사와 참회로 풀어가며 마음속 사연들을 투명하게 기재記載하였습니다.
그리고 스승님의 법문으로 생명을 불어넣었습니다.

"법문의 힘은 참으로 놀라웠습니다."
업장몸이 녹고 그토록 원망했던 일들이 모두가 은혜였음을 깨달았습니다. 진리와 스승과 법과 회상에 회심回心하게 된 것입니다.

화를 내면 내 마음이 왜 괴로울까요?
미워하면 내 마음이 왜 침울해질까요?
칭찬하면 내 마음이 왜 커질까요?
사랑하면 내 마음이 왜 깊어질까요?

'마음이 마음을 낳습니다'
우리는 언제나 '회심回心의 길목'에 서 있습니다.
회심은 내 마음을 진리 전에 돌이키는 일입니다.
- 본문 「회심의 길목」 중에서 -

"단 한 구절이라도 스승님의 법문을 온전히 전하고 싶습니다."
'법문을 공부하고 법문을 전하는 일', 이것이 내가 가장 하고 싶은 일이었습니다. 이 일이 급하고 간절했습니다.
하루를 마감하고 심고心告 올린 후 상시일기를 점검할 때면, '경전연마'에 점수가 두둑해졌습니다. 나의 영성에 지혜의 창고가 채워지면서 스승님의 공부 길이 다시 차올랐고, 그때마다 스승님께서는 격려와 희망을 주셨습니다. 법문은 그렇게 삶을 성찰하게 합니다. 우리의 영혼의 품을 깊어지게 하며 정신의 키가 커짐을 체험케 합니다.

"법문을 좋아만 해서는 안 된다.
법문을 외우는 것만으로도 안 된다.

법문이 너의 마음과 몸에

각인刻印 되어야 한다."

- 본문 「내 속에 법문을 새겨라」 중에서 -

『**만번의 감사, 만번의 행복**』은
짧은 일기와 법문으로 구성되어 있습니다.
8년간 SNS로 배달된 1,460 편의 법문편지를 정진·적공·서원·감사·기도의 다섯 가지 주제로 나누고 이 가운데 200여 꼭지를 책에 담았습니다.
법문편지는 매일 올리는 익산성지 성탑기도와 스승님과 도반들의 따스한 문답이 있었기에 가능했습니다. 오래오래, 일심으로, 뚜벅뚜벅 … 인생이란 정진의 길을 그렇게 걷고 싶습니다.

그토록 단단히

뭉치고 또 뭉치더니

함박에 피어나네.

사람도.

공부도.

불공도.

참으로, 참으로 그러하다.

- 본문 「함박꽃 작약」 중에서 -

"참으로 영원한 나의 소유는 정법에 대한 서원과 그것을 수행한 마음의 힘이니, 서원과 마음공부에 끊임없는 공을 쌓아야 한없는 세상에 혜복의 주인공이 되느니라."
『대종경』천도품 17장 법문은『만번의 감사, 만번의 행복』이 추구하는 공부 길입니다.

이 책을 통해 많은 분들의 마음에 서원과 수행의 깊이가 더해지길 염원합니다. 우리의 소중한 삶이 깊은 산이 되고, 너른 강으로 여울지며, 참나를 회복하는 영성의 숲이 되길 기도합니다. 감사합니다. 행복합니다.

매일 아침 눈을 뜨면,
"내 마음이 하얘졌는가"부터 살핍니다.
매일 밤 잠이 들 때면,
"나의 서원이 뭉쳐있는가"부터 챙깁니다.
'청정일념淸淨一念, 서원일념誓願一念'
대종사님께서 주신 인생의 가장 고귀한 선물입니다.
- 본문「단촐한 챙김」중에서 -

2020년 7월에
깊은 산. 너른 강. 나無 숲
안세명

차례

04 작가의 말

정진 精進

16 열매와 씨앗
18 정직한 수행
20 진염주
22 자신을 다루는 지혜
24 마음의 바람
26 내 속을 먼저 살펴라
28 새봄입니다
29 단촐한 챙김
30 멈춤의 행복
34 꿋꿋한 대중
36 마음 실력
38 항마인의 심계
40 스승님의 부촉
42 스승님의 유무념 공부 1
44 스승님의 유무념 공부 2
46 오스틴의 유무념 공부

48 법신불 사은 염불
50 이 염불의 인연으로
52 던지고 녹여내라
56 공경과 일심으로
58 가장 어려운 공부
60 잎이 지면, 제 뿌리로
62 성리, 바다가 되는 길
64 대물림 일심공부
66 공부 길 묻는 이에게
68 해탈 춤을 추리라
70 성품 이야기
72 신과의 만남
73 단전 부처님
76 뭉치고 또 뭉치고
78 복 이야기
79 같은 하늘, 같은 마음

80 정신 차림

82 아는 것, 할 수 있는 것

84 빈 배

86 마음 나이테

88 마음의 눈

90 평범을 지키면서

92 일원상과 친해지는 비법

적공 積功

96 적공 이야기

98 일원상과 마주함

100 아상, 공부하는 재미

101 '나'라는 상

102 나를 먼저 살피는 공부

104 어두워지지 않는 길

106 일심으로 보은하라

107 뭉친 힘

108 묵상의 힘

112 나를 위로해 주신 말씀

114 법당

116 그 마음을 얻거라

118 청정주 일심

120 복을 불러오는 마음

122 주인공아, 주인공아, 주인공아

123 씻음의 공부 길

124 일상 수행의 길

125 제일 귀한 것

128 너, 참 오랜만이구나

130 생각이 잠자면

132 나를 찾고, 나를 놓자
134 뽀드득 단련
136 마음 창고
138 의두 하나, 달빛에 걸고
140 등화가친
144 나무아미타불 자성 극락
146 자문자답
148 대로 돌아가라
150 깨달음이란

152 새순 돋는 자리
154 이제 집이 작구나
156 선심일여
160 이때가 그때이다
162 돌이 서서 듣다
164 야진의 진실
166 마음 거울
168 일원상 서원문을 외우라
170 본심

서원 誓願

174 내 속에 법문을 새겨라
175 줄탁동시
176 일원상 서원
177 함박꽃 작약
178 문향만리

180 법명의 힘
182 새봄엔 소박해지겠습니다
184 담박한 봄날
186 생수 서원
188 회향의 길

192 마음 평수
194 절대 서원, 절대 수행
196 길룡리 정신
198 간절히 원하옵니다
200 마음 그릇
202 모스크바 상추 이야기
204 아버지의 원력
206 하고, 하고, 또 하고
210 준비하고 있느냐
212 청정심체 서원
214 도반에게
216 우리는 영생의 도반
218 법연의 힘
220 사람 타령
222 그 일밖에 없습니다
224 법문 받드는 길
228 공부인의 마중물
230 그 작음에 혼을

232 허물 이야기
234 도라지
236 너 무엇 하러 왔냐
238 법선으로, 한길로
240 신심이 법기예요
242 몇 생을 걸어왔을까요
244 공들임의 진리
248 신성의 공부 길
250 되어지게 하는 길
252 법기서원
254 회심의 길목
255 회심하는 당신께
256 존재에 대한 깊은 사랑
258 마음도장
260 신성
262 여시아문
264 법인절 단상
265 우리 모두 스승이 되자

감사 感謝

268 하루에 한 번이라도
269 내 안에 이미
270 복 있는 사람
272 다행입니다
274 제일 좋을 때
278 용서의 심법
279 서로 친해지려고

280 공부인의 저력
282 좋은 인연
284 법회만 잘 다녀도
288 피은자
290 복주머니
291 지금 물을 주고 있나요
292 은혜를 심자

기도 祈禱

296 고백의 기도
298 심공
300 성불하기만 기도한다
302 나를 위한 기도
304 이루어질 때까지

306 실수에 대한 기도
308 숙업 풀어내기
312 침묵의 성사
314 법신불 마음
316 새벽 기도문

318 수행자가 클 때는
320 난타의 등불처럼
322 감사의 기도
324 마음부처 탑돌이
328 내 절 부처에게
330 바람의 언어

332 서원의 기도
334 일원상 한마음
336 온전의 힘, 청정한 기운
338 반월의 지혜
340 단심의 기도
342 원력을 뭉치는 힘

정진

精進

정진 적공이란
하루 세끼 밥 먹듯
오늘도 내일도
이달도 내달도
금년도 내년도
한결같이 공을 들이는 것이라.

『대산종사법어』 교훈편 53장

열매와 씨앗

"마음씨.
누가 처음 '마음씨'라
이름 붙였는지 알 수는 없지만,
내 심보
내 마음 보자기엔
이미 셀 수 없는 마음씨가 가득.
열매의 다른 이름은 씨앗이었네."

오래전 낡은 일기장을 정리하다
미완인 듯한 글에 마음길이 환해집니다.

정산 종사 말씀하십니다.

"자기 마음에
어떠한 싹이 트고 있는가를 늘 살피라.
좋은 싹 기르기에 힘을 쓰라.
복덕의 종자, 복덕의 싹은
곧 신심과 공심과 자비심이니라."

자신의 마음에
어떠한 싹이
트고 있는가를
늘 살피어
좋은 씩을 기르기에
힘을 쓰라

정산종사법어 무본편

정직한 수행

가을이 깊어졌습니다.
노랗게 바랜 잎을 훌훌 떨어내는 공회당 벚나무.

오랜 친구인 그가
제 지친 어깨를 토닥이며 말합니다.

"당신도 이번 한 해 많이 힘들었군요.
저도 올해는 위를 쳐다보지 않고
제 발아래를 살피며 해거리를 잘했습니다.
땅 힘 잘 기르는, 뿌리 힘 잘 키우는
그것이 가장 정직한 수행이죠.
우리는 지금
뿌리 깊은 나무,
원천이 깊은 물이 되어가는 과정입니다."

정산 종사 말씀하십니다.

"인생 생활에
신앙은 뿌리요, 수행은 원천이라

신앙이 깊은 생활은
아무러한 역경 난경에도 꿋꿋하여 굽히지 아니할 것이요,
수행이 깊은 생활은
어떠한 유혹에도 초연하여 평온함을 얻느니라."

진염주 眞念珠

참 묘한 일이죠.

한 경계를 지내고, 한마음이 밝아지면

꼭 그만큼, 스승님 말씀이
제 안에서 체화體化됩니다.

언젠가부터 마음을 다스릴 때면
자연스럽게 염주를 돌리게 됐습니다.

수학 시절.
공부한다는 품새로 아무런 까닭 없이
염주를 굴리고 다니던 저를 꾸짖어 주신 스승님.

이제는 진실로 '진염주眞念珠'를 돌려봅니다.

대산 종사, 한 제자에게
염주를 하사하시며 말씀하십니다.

"잃은 마음을 찾으라.
성인은 제일 좋은 때가
해害를 받을 때요, 욕됨을 당할 때이다.
내게 잘못이 없는데 해하려고 시기하면
그것은 나를 성인으로 받드는 수고니
오히려 반가운 일이다.
충고로 받아 공부하면 된다.
염주를 굴리는 것은
염주를 세는 데 그 뜻이 있는 것이 아니다.
잃어버린 마음을 다시 찾아
본심을 회복하는 데 그 뜻이 있느니라."

자신을 다루는 지혜

괴로운 경계를 당해
그 고통을 온전히 바라볼 수 있을 때,
우리는 이미 고액苦厄을 넘어서고 있음을 알아차립니다.

공부의 성취란 지극히 사실적입니다.

수행이 깊으신 스승님의 말씀을
법法으로 모시는 까닭도
오랫동안 자신을 다뤄온
지행知行의 견고함 때문입니다.

『법구경法句經』 명철품明哲品 말씀입니다.

"활 만드는 사람은 뿔을 다루고[弓工調角]
사공은 배를 다루며[水人調船]
목수는 나무를 다루고[材匠調木]
지혜로운 사람은 자신을 다루네[智者調身]

아무리 바람이 거세도

반석은 흔들리지 않는 것처럼[譬如厚石 風不能移]

깊은 못물은 맑고 고요해

물결에 흐려지지 않는 것처럼[譬如深淵 澄靜淸明]."

지혜로운 사람은
자신을 다루네
아무리 바람이 거세도
반석은 흔들리지 않는 것처럼
깊은 못물은 맑고 고요해
물결에 흐려지지 않는 것처럼

마음의 바람

수학 시절. 스승님께서 말씀하셨죠.
"공부인의 마음에는 바람이 잘 통해야 한다.
막히고, 여유가 없으면
침울해지기 쉽더구나.
마음의 기틀 따라
자유롭게 길을 들이자.
공부도,
정신 기운이 명랑해야 진전이 있더구나."

마음이 각박해지고
무명無明에 사로잡혀 있을 때
스승님 말씀이 깊이 점두點頭 됩니다.

정산 종사 말씀하십니다.

"있은즉 막히고
공한즉 통하며,
막힌즉 어둡고
통한즉 밝나니라."

잊은즉 막히고 空한즉 通하나니라

정산종사법어 법훈편

내 속을 먼저 살펴라

어제는 유난히 경계가 많았습니다.

짜증도 일어나고 원망도 밀려와
잠시 마음결을 멈추고,
살얼음 위를 걷듯 조심해야 했습니다.

이런 저에게 대산 종사님 법문이
안심安心을 줍니다.

"내 속, 내 복장을
먼저 살펴야 복福이 솟는다.
나 혼자만 잘살려고 하는 마음이 '탐심貪心'이다.
내 뜻만 받아 달라는 마음이 '진심嗔心'이다.
증애하고 교만한 것이 '애만심愛慢心'이다.
아첨하고 왜곡된 생각이 '첨곡심諂曲心'◦이다.
잘하는 사람 샘나서 미워하는 마음이 '시기질투猜忌嫉妬'다.
그러한 마음이 있으면 복이 아니 온다.

◯ 첨곡심諂曲心 : 자기의 지조를 굽혀 아첨하는 마음

그러니 눈을 감고
내 안에 그런 마음이 있는가 잘 보라."

쉼 없이 고개를 끄덕였습니다.
일어난 마음의 원인을 알아차리니, 한결 수월해집니다.

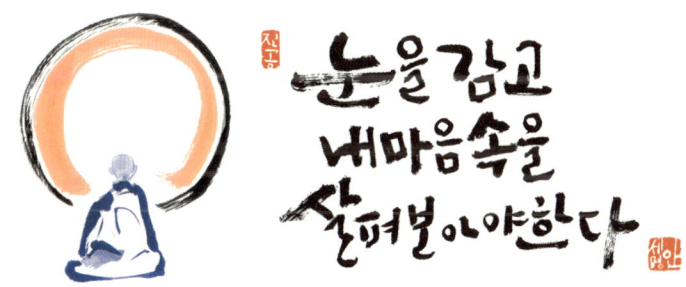

새봄입니다

만물의 변화가 '보인다' 해서 '봄'이라 한다지요.

화사한 꽃 뒤에
푸른 잎과 가지가 본질을 드러내듯

우리들 마음에 일어나는
가지가지 감정의 편린 뒤에
푸르른 본심本心을 볼 수 있어야겠습니다.

그래서 정산 종사님께서는 말씀하셨습니다.

"기쁨, 노여움, 슬픔, 즐거움, 사랑, 미움, 욕심[喜怒哀樂愛惡欲]이
일어났다 가라앉았다 하는 데 속지 말고
그 가운데 맑고 영령한 참 몸, 참 마음으로 바라보라."

봄이 늘 새봄이듯,
새봄은 새 마음입니다.

단촐한 챙김

매일 아침 눈을 뜨면
"내 마음이 하얘졌는가"부터 살핍니다.

매일 저녁 잠이 들 때면
"나의 서원이 뭉쳐 있는가"부터 챙깁니다.

청정일념淸淨一念이요,
서원일념誓願一念입니다.

멈춤의 행복

새벽 선방
청명한 종소리에 마음이 깨어납니다.

행복은 '온전'에서 더욱더 깊어집니다.

눈을 감을 수 있어 행복합니다.
귀를 닫을 수 있어 평온합니다.
코를 지킬 수 있어 그윽합니다.
입을 다물 수 있어 고요합니다.

몸과 마음을 반듯이 세우니
경계가 스스로 가지런해집니다.

그래요. 일상의 행복을 멀리에서 찾지 마세요.

행복은 아주 잠시라도
달리는 업장몸을 멈추는 데 있더군요.

이것이 심신心身을 원만하게 수호守護하는 공부입니다.

대산 종사 말씀하십니다.

"정신수양은 흐트러진 마음을
멈추고 가라앉히고 닦는 공부를 계속하여
일심을 얻자는 것이며, 참된 성품을 기르자는 것이며,
그 일 그 일에 영단을 뭉쳐 나가자는 것이니라."

대적광전大寂光殿은 크게 고요하고 크게 밝은 집에 머무신 것을 이름이니라. 부처님은 사바세계에 살되 세속에 물들지 않으시므로 한마음 내고 한마음 들이는 칠일 입정 칠일 설법을 자유자재하셨나니 우리도 이 자리를 맛보아서 부처님과 같이 무시선 무처선 공부를 해야 할 것이니라.

『대산종사법어』 적공편 30장

꿋꿋한 대중

사람이란 참으로 간사해지기 쉽더군요.

조그마한 권리가 있거나,
없던 명예가 생겨나고, 고심하던 일들이 풀려 가면
어느새 그릇이 넘치고, 참회를 멀리합니다.

역경이란, 순경을 맞이할 때
간사하고 망녕되이 심신을 작용한 결과임을
비로소 깨닫습니다.

대종사 말씀하십니다.

"경계를 당할수록 더욱 그 신심을 살펴서
역경을 돌리어 능히 순경을 만들며,
순경이면 또한 간사하고 넘치는 데에 흐르지 않게 하는
꿋꿋한 대중이 계속되어야 가히 큰 공부를 성취하리라."

경계를 대할때
화내지말고
주인의 입장에서
나를 찾아오는
귀한 손님으로 알아라

대산종사법문집 신성 80

마음 실력

스승님께 여쭈었습니다.

"그 사람이 항마降魔했는지를
어떻게 알 수 있나이까?"

"그분에게
돈과 명예와 사람을 맡겨보면
항마 여부를 알 수 있더구나 …."

나 자신을 바라봅니다.
몇 명 안 되는 가까운 인연들과도
터덕거리고, 갈등하기 일쑤입니다.

조그마한 재물과 명예가 주어지면
어느새 기운이 들뜨고, 겸손을 잃습니다.

"돈, 명예, 사람을 맡겨보면 아느니라."
스승님의 화두가 아직도 쟁쟁합니다.

정산 종사 말씀하십니다.

"사람은
그 경계를 당해 보아야
그 실력을 알 수 있다.
청렴의 정도는
돈을 맡겨 보면 알고,
공부인의 수준은
법문 몇 대목 물어보면 알며,
신심 정도는
비평과 조소를 당해 보면 알고,
포용력의 정도는
역경을 주어 보면 알며,
효성의 정도는
괴벽한 부모를 모셔 보면 알고,
우애의 정도는
어려운 일을 당해 보면 아느니라."

항마인의 심계

스승님께서는 지도인이 될수록
반드시 심계心戒가 있어야 한다시며,
"남의 비밀을 우연히 보았더라도
못 본 것처럼, 들어도 못 들은 것처럼,
알고도 모르는 것처럼 해야 한다."고 경계하셨습니다.

사람의 인연이 오래갈 수 있는 비결은
오직 깊은 신의信義에 있음을 깨닫습니다.
언제나 믿어주시고 지켜주셨던
스승님의 한결같은 심법心法은
항마인이 갖춰야 할 인격의 표준입니다.

대산 종사 말씀하십니다.

"비밀을 지켜 주기가 참으로 어렵나니,
비밀을 책임지고 지켜 주는 것이 항마니라.
부득이 남의 잘못을 누군가에게 말해야 할 경우
열 번 이상 더 생각하고 영생을 책임진다는 생각으로 하라."

열 번 이상
더 생각하고
영생을
책임진다는
생각으로
비밀을 책임지고
지켜주는 것이
할마니라

스승님의 부촉

좌산 상사님 말씀하십니다.
"유무념 공부 잘하고 있느냐?
마음 챙기는 길 외에 다른 법이 없더구나."

그 순간 좌산 상사님의
오래된 유무념 시계가 눈에 환히 들어옵니다.

이어 말씀하십니다.
"수행이란,
일원상과 같이
원만구족圓滿具足하고 지공무사至公無私한
각자의 마음에 대한 표준이 서야 한다.
일원상과 같이 텅 비어
어떤 경계境界에도 주착함이 없는 그 자리를
공부의 기점으로 삼아야 한다.
일원상 법어에
'각행원만覺行圓滿'의 표준이 다 들어 있으니
다시금 깊이 새겨 보거라.
유무념 공부가 하루 아침에 끝날 일이 아니다."

진공 **이 원상**의
진리를 각하면
원만구족한 것이며
지공무사한 것인줄
알리로다

정전 일원상 법어

스승님의 유무념 공부 1

"스승님께서는 유무념 공부하세요?"

"그럼 너는 지금껏 안 하고 있었느냐?
그러면 기질변화가 더딜 텐데."

"그럼, 어떻게 시작해야 할까요?"

"가까운 일부터 유념 건수를 잡거라.
너무 어려운 거 하려 말고."

"그렇게 하겠습니다.
저는 제 입에 철이 나고 싶습니다.
다른 사람의 과실을 말하지 말며,
두 사람이 아울러 말하지 말며,
이 계문 먼저 공부해 보겠습니다."

"그리 해봐라."

"스승님, 참 재미있습니다."

"그래, 공부는 재밌게 해야 한다.
잘 안 돼도 공부 잘된 거다."

원기45년(1960), 영산에서
대산 종사님을 모셨던 법타원 김이현 종사는
그렇게 유무념 공부를 시작했습니다.

매 순간, 마음의 주소를 확인하셨습니다.

스승님의 유무념 공부 2

30대 초반에 교화계로 나가신 스승님.

당시에는 교무라는 호칭이 없을 때라
주위에서 선생님이라 불렀습니다.

처음에는 선생님이라 부르니
너무나 부담스럽고 부끄러웠습니다.

그러던 어느 날.
누군가 당신을 '씨氏'라고 부르니,
마음에 거슬리고 불편함이 일어나는 것을 바라보았습니다.

깜짝 놀란 스승님은
"무엇이 들어서 이 마음이 일어나는가."
한참을 성찰하셨습니다.

그때부터 아만심, 시기심, 탐심, 진심, 치심의
'마음 심心' 공부를 지성으로 하게 됐습니다.

공부를 할수록
마음에 군더더기가 여간 많은 게 아니었습니다.

하루를 살면서 모르고 지은 죄가 너무 많았습니다.
조석심고에 모르고 지은 죄를 빌고, 참회하며,
깨우쳐 달라 간절히 기도했습니다.

오스틴의 유무념 공부

영산성지에서 만난 푸른 눈의 수행자 오스틴.
유무념 공부에 푹 빠진 그가 이렇게 말합니다.

대종사님께서는, 『대종경』 수행품 23장에
"우리가 만일 참된 정신을 가지고 본다면,
이 세상 모든 것이 하나도 경전 아님이 없나니라."고 말씀하셨어요.

이제야 비로소 저와 함께하는 모든 이들의 삶이
살아있는 경전임을 알게 되었습니다.
그래서 저는 '타인의 말을 깊이 경청하자'로 유무념을 정했어요.
사실 너무나 오랫동안 혼자 하는 수행에 빠져있었거든요.

'빨리 가려면 혼자 가고 If you want to go fast, go alone
멀리 가려면 함께 가라 If you want to go far, go together.'는
아프리카 속담과 같이
도반들과 함께하는 대종사님의 훈련법이 얼마나 귀한지 모릅니다."

'그 일 그 일 온전히 경청하리라' 마음 챙기는 오스틴.
매일매일 산 경전을 읽는 참 공부인입니다.

마음도
가라앉을때
챙기고
또 챙기면
성인이된다

정성을
드리면드린만큼
되는것이 진리이다

대산종사 법문수행

법신불 사은 염불

어렵고 힘든 경계를 대할 때마다
마음 깊은 곳으로부터 올라오는 소리가 있습니다.

기쁨과 행복의 경계를 대할 때마다
은혜로, 감사로 모이게 하는 소리가 있습니다.

"천지하감지위 天地下鑑之位
부모하감지위 父母下鑑之位
동포응감지위 同胞應鑑之位
법률응감지위 法律應鑑之位."

오늘도
이 네 가지 은혜에 귀의합니다.

오늘도
이 네 가지 은혜를 염불합니다.

오늘도
이 네 가지 염불로 기도합니다.

"천지하감지위
　부모하감지위
　동포응감지위
　법률응감지위"

일심으로. 서원으로. 오래오래.

이 염불의 인연으로

"이 염불의 인연으로
삼계 업장이 소멸하여지이다. 나무아미타불.

이 염불의 인연으로
시방세계가 청정하여지이다. 나무아미타불.

이 염불의 인연으로
심량이 광대하여
제불조사의 심인心印을 닮을 만한
대법기가 되어지이다. 나무아미타불."

그래요.
일심一心을 모은다는 게 얼마나 귀한 일인가요.
심불心佛에 귀의하는 게 얼마나 행복한 일인가요.
심력心力을 뭉친다는 게 얼마나 든든한 일인가요.

오늘도 주머니 속
맑아진 염주알 굴리며
스승님의 염불삼매에 젖어봅니다.

대종사 말씀하십니다.

"알뜰한 염불 한 마디에
영단靈丹이 좁쌀 하나 만큼씩은 뭉쳐질 것이다."

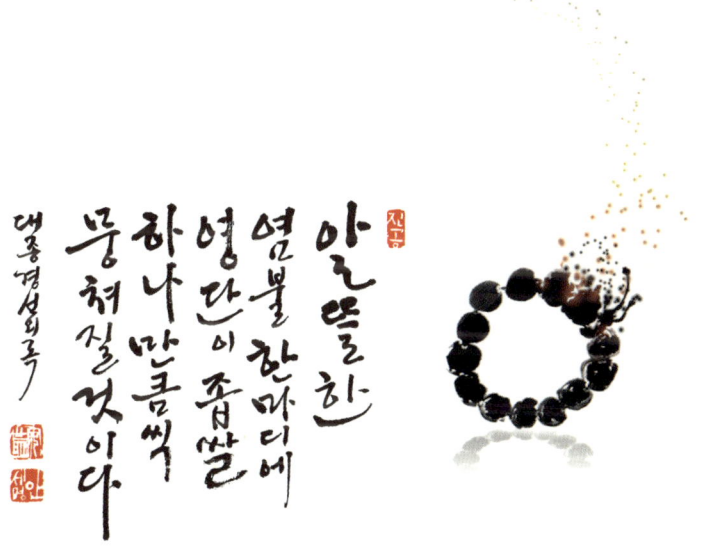

던지고 녹여버려라

일원상 부처님을 모시고 사는 우리는
때론 마음이 상하고, 때론 답답하고,
때론 괴로움에 앞이 보이지 않아도
그 모든 일어남을
오직 저 텅 비고, 은혜 다북한
법신불 일원상에 던져내고, 녹여내고, 돌려냅니다.

한 제자, 대산 종사께 문답합니다.

"저는 살아가는 과정을 생각할 때 괴로움이 많습니다.
참아 넘기려고 신앙생활을 하고 있습니다."

"그 마음 장하다.
이 고해를 넘어서려면
신앙생활을 통해 늘 감사생활을 하고,
안으로 자성을 회복해야 한다.
세상을 살아갈 때 어렵고 험한 일이 닥쳐온다 하더라도
그 경계를 자성미타굴自性彌陀窟에 넣고 녹여버리면 편안해진다.
그러한 생활을 하기 위해서는 선禪을 하여야 한다."

어렵고
험한 일이
닥쳐온다 해도
그 경계를
자성미타불에
넣고 녹여라

대쏘종사 법문수행

대종사께서 수행하신 경로는 서원 일심이요 신심 일심이요 수행 일심이라, 우리도 일심 정력으로 의심의 뭉치를 해결하여 큰 깨달음을 이루어야 하느니라. 대종사께서도 '내 이 일을 장차 어찌할꼬.' 하는 한 생각으로 입정 삼매에 들어 대각을 이루셨느니라.

『대산종사법어』 적공편 42

공경과 일심으로

보고, 듣고, 냄새 맡고, 말하고
움직이는 몸가짐, 생각하는 마음가짐.
이 모든 것이 신앙입니다.

보고, 듣고, 냄새 맡고, 말하고
움직이는 몸가짐, 생각하는 마음가짐.
이 모든 것이 수행입니다.

신앙과 수행은
우리의 육근작용에
공경과 일심을 담아내는 것입니다.

대산 종사 말씀하십니다.
"원만한 눈이라야 다 볼 수 있고
원만한 귀라야 다 들을 수 있고
원만한 입이라야 다 말해 줄 수 있고
원만한 코라야 냄새를 다 분별할 수 있고
원만한 몸이라야 다 응應할 수 있고
원만한 마음이라야 다 사랑할 수 있느니라."

친구
원만한
몸이라야
다 應할수잇고
원만한
마음이라야
다 사랑할수
잇나니라

가장 어려운 공부

"나의 잘못을 용서하는 마음으로
남의 잘못을 용서하면 낙원을 얻을 것이다."

대종사님의 용서 법문이
냉랭해진 제 마음을 '그만 녹여내거라' 하십니다.

언젠가 스승님의 짧은 독백을 기억합니다.
"용서가 가장 어려운 공부구나.
미운 사람을 용서할 때 내 업장이 소멸하더라."

그렇습니다.
용서가 신앙이요, 수행입니다.

대산 종사 말씀하십니다.

"아무리 극단적인 과보라도
참고 또 참고 열 번만 참아
너그럽게 용서하고 무심으로 대하면
그 업력이 자연히 녹을 것이니라."

여래 부처님의
만덕을 이루려면
선과 기도를 쉬지 않고
서원과 신심을
살려내라

대산종사법문수행

잎이 지면, 제 뿌리로

한 해 동안
그토록 힘을 다해 피워내고도,
여한 없이 제 뿌리로 돌아가는 나무 부처님.

만물이 품고 있는
고귀한 섭리攝理를 목도합니다.

육조 대사,
임종을 앞두고 제자들과 문답합니다.

"스승님, 언제 돌아오실 것인가요?"

"잎이 떨어지면 근원에 돌아가리니[落葉歸根],
내가 다시 올 때는 입이 없도다[來時無口]."

일을 마친 후에도
내 업장몸에 주렁주렁 걸려 있는
무명無明의 상相들을 바라보며

"근원에 돌아가니 입이 없도다."

제 뿌리로 돌아오라는
만법귀일萬法歸一의 성리性理가 사무칩니다.

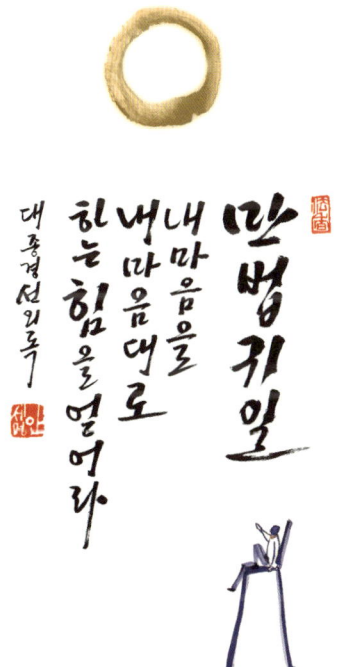

성리, 바다가 되는 길

"일상에서
성리공부性理工夫를 어떻게 하오리까?"

"알아준다, 몰라준다는 분별을 넘어,
부딪치는 모든 것을
묵묵히 배워가는 강물이 되어라."

스승님과의 문답이 심계心戒가 되었습니다.
성리는 강물이 스스로 여울져
바다가 되는 것과 같습니다.

신영복 교수의 '담론'입니다.

"바다는 모든 시내를 받아들입니다.
그래서 이름이 바다입니다.
바다는 세상에서 가장 낮은 물입니다.
그러나 세상에서 가장 큰물입니다.
바다가 물을 모으는 비결은
자신을 가장 낮은 곳에 두는 데 있습니다."

참나

넉잡어고향
삼세의모든성자
모두부처님
언제나머무시고
거기사시네

댄곰산방어소요평

대물림 일심공부

마음에 미망迷忘이 머물면
일심공부一心工夫에도 때가 낍니다.
스승님께서는
"마음이 경계를 내왕來往할 때 법이 있어야 한다"시며,
'마음에 검문소를 두라'는 윗 스승의 가르침을
일생토록 실천하셨습니다.

아무도 모르게 당신 손바닥에
'멈춤'이란 단어를 세 번씩 적어가며,
본심本心을 챙기셨다 합니다.
저도 그 공부 길을 따라가렵니다.

대산 종사 말씀하십니다.

"마음을 멈출수록 정력定力이 쌓이더라.
천만 경계를 대할 때마다,
육근문에 검문소를 설치하여
마음이 법法 없이 들어왔다 나갔다 하지 못하도록
온전한 생각으로 취사하는 공부를 하자."

응하여도
주한 바 없이
그 마음을 내라·

응용하는데
온전한 생각으로
취사하기를
주의할 것이요·

공부 길 묻는 이에게

"마음공부란,
다른 사람의 마음이 아닌
내 마음을 공부하는 것이더군요.
그동안 타인의 마음을
간섭하고 평가하고 재단하느라
정작 마음 하나를, 이 업력 하나를
온전히 바라보지 못했네요."

신심 깊은 교도님과의 문답에 마음 길이 환하게 열립니다.

대종사 말씀하십니다.

"일원상의 수행이란,
일원상과 같이
원만구족圓滿具足하고, 지공무사至公無私한
각자의 마음을 알자는 것이며,
각자의 마음을 양성하자는 것이며,
각자의 마음을 사용하자는 것이
곧 일원상의 수행이니라."

조용히
안으로
자기의 마음을 보라

밖으로
은혜를 발견하라

대산종사 법문교법

해탈 춤을 추리라

묵연默然히 붓을 들어
둥그러니 일원상一圓相을 북질하는
대산 종사님의 선심禪心에
묵어있던 마음 고향에, 첫눈이 내립니다.

스승님, 감사합니다.

오늘도 경계를 대할 때마다
마음 바탕心地에 일원상을 그립니다.

선인의 법구法句입니다.

"가을 맑은 물 한가롭게 흐르고[秋水澄淸閑去流]
아름답게 단장한 낙엽은 대지로 돌아가네[麗葉丹粧歸大地].
금일에 오온의 적멸한 모습 보이니[今日五蘊現寂滅]
여여한 늙은이 해탈 춤을 추리라[有如如翁解脫舞]."

해탈춤 추리라

대산 종사, 일원상 허공에 그려놓고

성품 이야기

한때 대종사께서 대중에게 물으셨습니다.

"지금 이 순간,
성품 자리를 일러 보아라."

대중이 여러 가지로 대답했지만 인증하지 않으시고,

"그럼 정산鼎山이 한번 말하여 보라."

"언어도가 끊어지고 심행처가 멸했습니다."

"그래, 그 말이 꼭 맞다.
그 말이 꼭 맞다.
언어의 길이 끊어지고,
마음에 오고 감이 없는 그 자리니라.
이제 확연히 알았느냐?"

텅 비어 두렷한 일원상 부처님.
오늘도 나의 참 마음, 심불心佛 전에 귀의합니다.

한 이름도 없고
한 형상도 없고
가고 오는 것도 없고
죽고 나는 것도 없고
부처와 중생도 없고
허무와 적멸도 없고
없다 하는 말도
또한 없는 것이며
유도 아니요
무도 아닌 그것

대종경 천도품

신神과의 만남

모든 게
단전丹田 하나에 다 내려집니다.
고통스러운 경계일지라도
두 눈을 지그시 감고 단전 부처님과 만납니다.
그 하나도 사라진
고요가 주는 그윽함.
비로소 나의 신神과 만납니다.

대산 종사 말씀하십니다.

"부모님이
토굴 하나씩 마련해 주었으니
경계에 급히 끌려가지 말고
기운을 모아 단전토굴에 넣어 여유를 만들라.
가정에서도 복잡한 일이 생기면
교당에 찾아와 기도 올리고
심고 올리는 그 순간 여유를 찾게 된다.
이 여유를 찾는 것이 수양이고,
수양이 영생을 기름지게 하는 것이다."

단전 부처님

"누가 잘났다 하면 입을 벌려 웃고
나쁘다면 그만 얼굴 찡그리고 하는
그것이 무엇인가?
모두 거짓이다.
그 거짓 믿고 살면 큰일이 난다.
참 나를 찾아야 한다."

대산 종사님 말씀이 꼭 저를 두고 하신 것 같습니다.

스승님께서는
"그럴 때마다 단전토굴에
숨을 들이쉬어 마음을 안정시키라.
어려운 일을 당할 때 단전에 턱 부리고
한번 멈추었다 내는 동안에 연구가 되어진다."라고 하셨습니다.

오늘도 내 안의 단전 부처님을 모십니다.

성은 이라함은 마음이 두렷하고 고요하여 분별성과 주착심이 없는 경지를 이름이요 수양이라함은 안으로 분별성과 주착심을 없이하며 밖으로 산란하게 하는 경계에 끌리지 아니하여 두렷하고 고요한 정신을 양성함을 이름이니라 천만 경계를 응용할때에 마음에 자주의 힘이 생겨 결국 수양력을 얻을 것이니라 정전 교의편 삼학 정신수양

정신 수양의 요지.

정신이라 함은 마음이 두렷하고 고요하여 분별성과 주착심이 없는 경지를 이름이요, 수양이라 함은 안으로 분별성과 주착심을 없이하며 밖으로 산란하게 하는 경계에 끌리지 아니하여 두렷하고 고요한 정신을 양성함을 이름이니라.

『정전』교의편 삼학 제1절 정신수양

뭉치고 또 뭉치고

염주를 돌리고
독경을 하고
숨을 깊게 들이쉬고 내쉬고
허리를 곧게 펴고
단전에 기운을 모으고
심고를 올리고 …

마음을 멈춰
청정한 자성을 회복하는 훈련에
조금씩 익숙해지니
경계마다 정신 차림이 용이해집니다.

마음은
흘러가는 대로 여울져 가고,
뭉친 대로
영글어 감이 분명합니다.

일상이 곧 수행입니다.

정산 종사 말씀하십니다.

"마음이 극히 미微한 것이지마는
뭉치고 또 뭉치면 큰 위력을 얻게 되며,
뭉쳐서 키운 마음이라야
지혜의 광명도 크게 솟아나느니라."

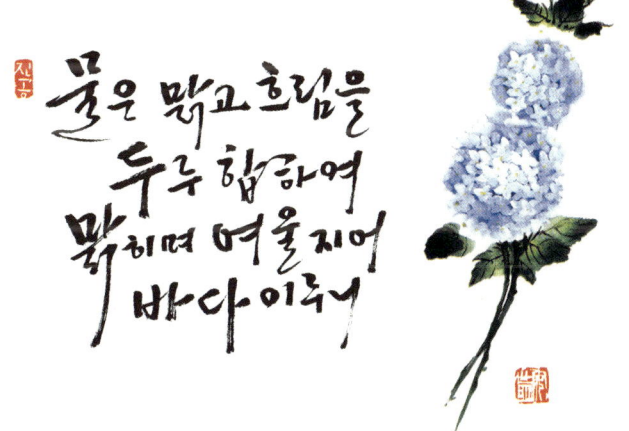

복福 이야기

있는 복을 일시에 끌어다 쓸 수는 있지만,
없는 복을 장만하기란 참 어렵더군요.

사람의 인연도 잠시나마 가까워질 수는 있지만,
선연善緣으로 오래 가기란 참 어려운 일이더군요.

눈앞의 일에 성취를 누릴 순 있지만,
일 없을 때 미래를 준비하기란 참 어렵더군요.

오늘도 모든 복과 법연을 장만하는
내 안의 '복덕의 성품福德性'을 길러갑니다.

정산 종사 말씀하십니다.

"복 받기를 원하거든
형상 없는 마음에 복의 싹을 길러내고,
죄 받기를 싫어하거든
형상 없는 마음 가운데 죄의 뿌리를 없애라.
마음으로만 남을 위하여도 복덕이 되느니라."

같은 하늘, 같은 마음

"우리의 정신이
온전하여 맑고 서늘하면
시방세계 어디나 다 정토니라."

기도를 마치고 눈을 뜨니,
푸른색 하늘이 쏟아져 내립니다.

스승님께서는
나와 같은 하늘,
나와 같은 마음을
소유하고 계셨습니다.

정신 차림

'이제 됐다' 싶어 지난밤까지 탈고한 글도
새벽 아침, 맑은 정신으로 다시 읽어 보면
뜻이 편협하고, 사려가 깊지 못해 고쳐내기 일쑤입니다.

공부도 일도 사람도 …
멈춰 회복한 '정신 차림'으로 다시 만나야 합니다.
이젠 제 모든 삶의 방식에
선禪과 기도, 경전 공부로 맑혀낸 '정신 차림'을 우선하려 합니다.

정산 종사 말씀하십니다.

"천지도 바람이 불고 구름이 끼면 어두우나,
고요하고 명랑하면 하늘에서 이슬이 내리듯,
사람도 막히고 요동하면 어둡지만
수양을 많이 하여 기운이 가라앉으면
침이 맑고 달며, 마음이 영령하고 밝은 것이다.
우리가 일을 처리하는 데에도
끌리는 바가 없어야
바르게 보고 옳게 처리할 수 있는 것이다."

고요하고
명랑하면
하늘에서
미숫내리듯
마음은
명령하고
밝은 것이니라

한울님한일하에

아는 것, 할 수 있는 것

"아는 것과 실제 할 수 있는 것과는 큰 차이가 있더구나.
아는 것이 100이라면, 할 수 있는 것은 10만의 힘이라야 한다.
그렇게 어려운 것이다.
마음공부도, 경계를 대해 막상 해보려 하면 잘 안된다.
굉장한 공력을 들여야 한다.
허허~ 그래서 부처 되기가 참 어려운가 보다."

경산 상사님의 진솔한 말씀에
그동안 아는 것을 자랑하고 채우려고만 했던 나 자신을 참회합니다.

대종사 말씀하십니다.

"세상 사람들의 큰 병은
아는 데에만 힘쓰고 실행이 없음이다."

정산 종사 말씀하십니다.

"참으로 믿는 마음이 있어야
한마디 말씀이라도 금옥같이 알아서

실행에 옮기게 되는 것이요

실행에 성의 있는 사람이라야

참으로 대종사를 알고 믿는 사람이니라."

빈 배 虛舟

수산 조정제 종사의 선시禪詩,
'빈 배'에 마음의 노를 저어봅니다.

"돛단배 유유하다 바람이 노닥인다
달님이 쉬어 가고 별님도 놀다 가고
빈 배는 고향 품이다 음매, 송아지가 그립다."

내 안에 빈 배가 있습니다.
경계 부처님도 쉬어 가고, 수많은 인연이 놀다 갑니다.

내 안에 빈 배가 있습니다.
고향 품처럼 모든 풍랑 다 녹이고 안아주는
본래심의 '초우初牛'가 있습니다.

내 마음은 빈 배.
모 없는 거울, 줄 없는 거문고.
내 안에 빈 배가 있습니다.

대산 종사 말씀하십니다.

"음양이 없는 땅 한 조각[無陰陽地一片]

메아리 없는 한 골짜기[無音響之一谷]

뿌리 없는 나무 한 그루[無根樹一株]

이 성리 자리를 알아 마음대로 활용할 수 있어야

생사 인과를 자유하고 중생의 껍질을 벗을 수 있느니라."

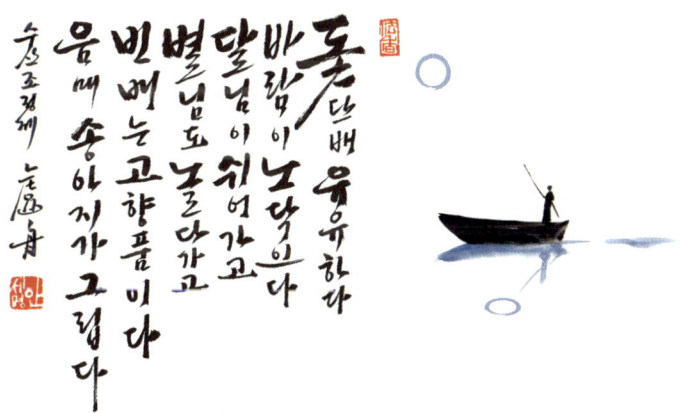

마음 나이테

나무의 나이는
외형만으로는 쉽게 짐작할 수 없습니다.

오래 사신 어른들의
'몇 년쯤 됐다더라.' 하는 말씀을 통해
잘린 가지의 한쪽을 보고 그들의 세월을 가늠할 뿐입니다.

나無는 그렇게
제 속을 보이지 않으면서도
한 해 한 해, 둥근 나이테를 차곡히 그려갑니다.

우리 공부인의 마음 실력도
외형만으로는 알 수 없습니다.
크고 작은 경계를 대할 때
비로소 나의 '마음 나이테'를 확인할 수 있습니다.

이제부터는 교전과 함께 나이를 먹겠습니다.
마음 나무에 '법의 나이테'를 그려내겠습니다.

대산 종사 말씀하십니다.

"교전이 내 마음이 되고, 내 몸이 되며
교전과 함께 나이를 먹어야 그 힘을 탈 수 있느니라."

마음의 눈

어릴 적
달리는 차창 밖 풍경을 바라보는 저에게

"멀리 있는 걸 보거라.
푸른 나무를 많이 보면
마음도 커지고, 눈도 좋아진단다."

바람결 같은 어머니의 말씀에
왠지 믿음이 생겼습니다.

그 후론 눈앞의 그림자가 아닌
조금 더 멀리 보려는 지혜를 얻었습니다.

그러나 요사이 부쩍 작은 것에 얽매여
큰 숲을 보지 못하고 삽니다.

모든 걸 내 위주로 생각하고
내 것만이 옳다는 '아상我相'이 가득 차 있나 봅니다.

대종사 말씀하십니다.

"선이 좋은 것이나
작은 선에 얽매이면 큰 선을 방해하고,
지혜가 좋은 것이나
작은 지혜에 얽매이면 큰 지혜를 방해하나니,
그 작은 것에 얽매이지 아니하는 공부를 하여야
능히 큰 것을 얻으리라."

평범을 지키면서

초급교무로 영산에 발령받은 스승님은
공부가 너무나 하고 싶어서
밤을 새워가며 선과 염불에 매진하셨다고 합니다.

이를 들으신 대산 종사께서,
"너 요사이 공부는 어떻게 하느냐?" 진중히 물으시며

"규칙대로 하거라.
공부는 평범하게 오래오래 하는 것이다.
배고프다고 세끼 밥을 한꺼번에 먹어봐라.
그러면 어찌 되겠느냐.
평범한 가운데 정해진 일과대로
짧더라도 정성껏 공력을 쌓아가거라."

이것이 참으로 큰 법문임을 새겨봅니다.

대종사 말씀하십니다.

"비록 특별한 선과

특별한 기술은 없다 할지라도
오래 평범을 지키면서
꾸준한 공을 쌓는 사람은 특별한 인물이니
그가 도리어 큰 성공을 보게 되리라."

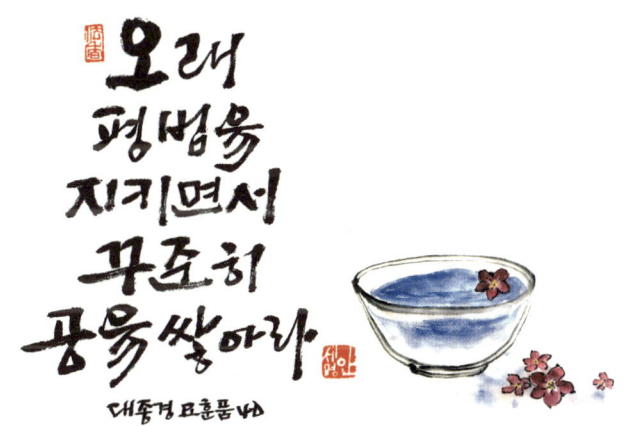

일원상과 친해지는 비법

60이 넘어 입교한 교도님은
일원상의 진리가 너무나 어려웠습니다.

때마침, 교당 천일기도에 참석하니
기도 후 일원상 진리 장을 봉독하는 것이었습니다.
그렇게 읽고 또 읽어도 일원상의 진리는 멀게만 느껴졌습니다.

다시 천일기도를 집에서 결제하고 일원상을 연마했습니다.
그리고 또다시 천일 …

그러던 어느 날, 일원상 진리가 마음에 들어왔습니다.
마음이 온전하고 환하게 비워졌습니다.
원망스럽고 미워하던 마음도 이 빈 마음에 쉽게 녹았습니다.

전산 종법사 말씀하십니다.

"그래요. 일원상의 진리와 친해져야 합니다.
그 비법은, 매일 접하는 것입니다.
많이 접하면 쉬워집니다.

대종사님께서
'일원상을 화두 삼아라' 하신 말씀은
일원상의 진리를 계속 읽고
그 뜻을 새기고 공부해 가는 것입니다.

일원상 진리를 자주 접하면 되는 것입니다.
그것이 비법입니다."

일원상을
신앙하자는 것은
자기의 마음이
곧 부처이며
자기의 성품이
곧 법인 것을
확인하자는 것이니라
정산종사법어 원리편

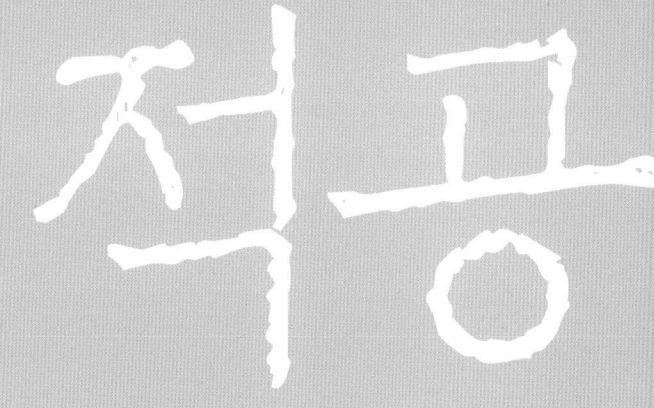

積功

제불 제성의 대과를 이룬 것도
형상 없고 보이지도 않는
마음 적공積功을 합하여 이룬 것이니,
큰 공부에 뜻하고 큰 일을 착수한 사람은
먼저 마땅히 작은 일부터
공을 쌓기 시작하여야 되느니라.

『대종경』수행품 44장

적공 이야기

시골 어르신 말씀.

"힘 안 들고 살 수 있간.
뭣이든 살라문 힘들제. 뼈 빠지게 살아야제.
고생 안 하고 살려는 그 맘이 불량한 맘이제."

힘 기울이고
한도가 차야 얻어진다는
이 소박한 인과의 진리를
머리로는 알면서도
고생이 싫고, 인내가 어렵습니다.

공들이지 않고 속히 이루려는
어리석음을 내려놓는 것.
삶이 주는 고귀한 공부 길입니다.

대산 종사 말씀하십니다.

"정진 적공이란,

하루 세끼 밥 먹듯

오늘도 내일도

이달도 내달도

금년도 내년도

한결같이 공을 들이는 것이라."

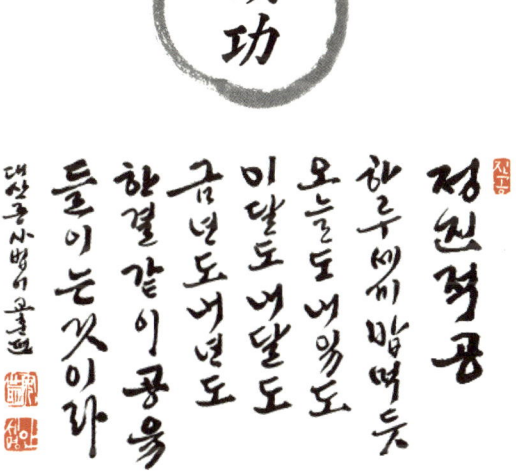

일원상과 마주함

그들이 예수께 물었습니다.
"어린아이처럼 되면 그 왕국에 들어가는 것입니까?"

예수께서 답합니다.
"너희가 둘을 하나로 만들 때.
안을 밖처럼, 밖을 안처럼, 위를 아래처럼 만들 때.
그리고 남자와 여자를 하나로 만들 때.
너희는 그 왕국에 들어가리라."
신약성서 〈도마복음〉 22

우리 안에서 끊임없이 올라오는
조각내는 습성을, 편 가르는 죄성을,
불화하는 마음을 경계합니다.

지금, 이 순간
법신불法身佛에 목욕합니다.
성리性理를 보고 공부합니다.

이 자리를 보고
마음을 얻어야
멀지도 곱지도
아니한 바른 마음을
쓸 수 있다

대산종사법어 수행

아상我相, 공부하는 재미

공부가 점점 어려워집니다.

작은 경계 하나에도
견고했던 마음이 쑥~쑥 뽑힙니다.

제가 저에게 부드럽게 타이릅니다.

"네 자존심이,
네 아상我相이 커가는 게야."

오늘도 다시 시작하는 마음입니다.

대종사 말씀하십니다.

"아상이라 함은
모든 것을 자기 본위로만 생각하여
자기와 자기의 것만 좋다 하는 자존심을 이름이니라."

'나'라는 상相

"사람들이 저를 보고 많이 달라졌다고 해요.
80이 되어서 변했다는 말을 들으니, 이제야 철이 드나 봐요.
그동안 잘난 체하고 똑똑한 척하다가
이 작은 무명無明 하나가
저 자신을 어둡게 한다는 사실을 모르고 살았어요.
대종사님께서 밝혀주신 마음공부는
경계를 대할 때마다, '나라는 상'이 번뇌의 원인임을 깨닫게 하시네요."

교도님과의 문답에 마음 길이 환해집니다.

대종사 말씀하십니다.

"모든 사람이
피차 없이 다 잘 아는 체하나
그 아는 것은 무엇이며,
또 다 잘했다고 자랑하나
그 해놓은 것은 무엇인지 다시금 생각해 볼 일이다."

나를 먼저 살피는 공부

사람을 쉽게 판단하고 규정짓는 저에게,
스승님께서는 어깨를 토닥이며 말씀하십니다.

"손가락으로 남을 가리킬 때,
나머지 세 손가락은
너 자신을 가리키고 있음을 알아차려야 한다."

지금도 그 말씀이 큰 지혜가 됩니다.

경계를 대할 때마다
'먼저 본원을 살피라'는
자등명自燈明의 소식입니다.

대산 종사 말씀하십니다.

"눈을 감고 먼저
내 속을 살펴보아야 한다.
선禪을 하는 사람은
늘 밖으로 나가는 마음을 멈춰 고요한 생활을 하고,

어리석은 마음을 밝혀 지혜의 생활을 하며,
모나고 모자란 마음을 바루어 원만한 생활을 하느니라."

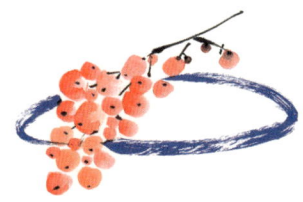

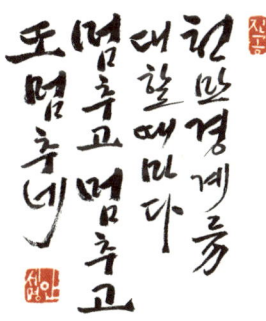

어두워지지 않는 길

잘난 체 하고, 공을 드러내려 하고,
스스로 특별하다고 생각하는 사람을 만나면
어느새 불편한 마음이 먼저 일어나더군요.

그러나 정작 내 마음과 행동을 살펴보면,
조금 아는 것이 있으면 자랑하고 싶고
작은 공이라도 인정받고 싶고
내가 좀 낫다고 여기는 마음에
경솔해지는 자신을 발견합니다.

하하 … 부끄러운 마음이 올라옵니다.
자심시진불自心是眞佛, 일어나는 마음을 반갑게 맞이합니다.
자성시진법自性是眞法, 온전히 성리로 마탁합니다.

대산 종사 말씀하십니다.

"참 수행자는
능한 것은 감추고 부족한 것은 더 드러내어
능할 때까지 연마를 쉬지 않으므로 점점 더 능하게 되나,

보통 수행자는
능한 것을 감추지 못하므로
도리어 그로 인하여 어두워지나니,
삼학을 편벽되게 닦는 것이야말로
수도인의 큰 업장이며 마장이니라."

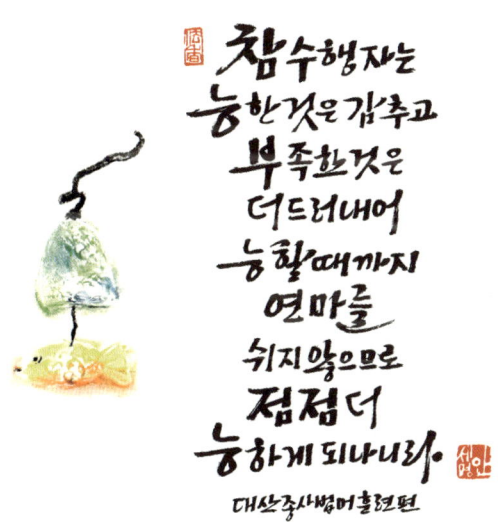

일심으로 보은하라

바쁜 일상을 살아가는 우리.

열심히 사는 것도 좋지만,
일심으로 사는 것이 더 중요합니다.
열심히 사는 것도 좋지만,
보은하며 사는 것이 더 중요합니다.

열심 속에 '일심과 보은'이 들어가야 합니다.

대산 종사 말씀하십니다.

"삼학공부는 일심 얻는 공부이니,
마음을 통일하고, 지혜를 단련하고, 중도를 실천하자.
일심공부는, 일하는 가운데 얻는 일심이 제일이니
우리는 일하는 가운데서 일심 얻기를 힘쓰자.
보은공부는 불공하는 공부이니,
정성으로 보은하고, 공경으로 보은하고, 신의로써 보은하자.
불공은 실지불공이 제일이니
우리는 실지에 불공하기를 정성껏 하자."

뭉친 힘

종법원 앞 소나무.

그 가지를 뻗을 때,
얼마나 힘을 뭉치고 또 뭉쳤던지
보는 제 가슴까지 붉게 타오릅니다.

우리 공부인의 마음적공도
한 번, 열 번, 백 번 … 그렇게 그렇게 뭉쳐가야 합니다.

대산 종사 말씀하십니다.

"산도 뭉쳐야 영기靈氣가 어리고,
사람의 마음도 뭉쳐야 힘이 솟는다.
큰 인물이나 명산이 되는 데에는
반드시 곡절이 있는 법이다.
끊어질 듯 끊어질 듯하다가
죽지 않고 이어져 뒤에 크게 뭉쳐 힘을 내는 것이
바로 크게 되는 동기이다."

묵상의 힘

저에게 가장 행복한 시간은
법신불 일원상 앞에 묵상默想의 시간을 가질 때입니다.

시공時空을 잊은 온전한 그 자리 …

마음에 여유가 생깁니다.
인생의 해답을 구합니다.
삶의 용기를 얻습니다.

우리 공부인은
일원상 묵상에 힘을 얻습니다.

정산 종사 말씀하십니다.

"마음 가운데 사심이 뿌리박거든
마음에 일원상을 묵상하여
그 공하고 둥글고 바른 본성을
돌이키기에 힘쓸 것이요,
대종사의 성안을 묵상하여

그 공명하고 정대하고 자비하신 심법을
체받기에 힘쓸 것이요,
나는 불제자요 공도자라는 자부심을 일으키어
그 사심을 제거하기에 힘쓰라."

진공 마음에
일원상을 묵상하여
그 공하고
둥글고
바른 본성을
돌이키기에
힘쓸것이라

경산종사법어 권도편

불공을 할 때 사념잡념邪念雜念이 없이 정성을 다해 바치라. 이것이 바로 선禪이다. 청정한 법신불이 우주에 편만해 있음을 깨닫고 이 몸에 부처를 모셔야 산 부처가 된다. 산 부처가 되어야 남도 산 부처로 만들 수 있다. 죽은 부처는 죽은 부처만을 만들게 된다.

『대산종사법문집』 3집 교법 9

나를 위로해 주신 말씀

대종사님의 따뜻한 자비 법문이
한 편의 시詩가 되어
우리의 인생을 다 들어주시고
다 위로해 주십니다.

대종사 말씀하십니다.

"가다가 잘못한 일이 있을 때는
고치면 되는 것이니,
천 번, 만 번 고쳐 나가라.
그러면 바로 그 사람이 불보살이다.
잘못이 있을 때
그 잘못을 자성에 반조하여 보라.
거기에는 아무것도 없다.
그러니 한 번 옳게 돌리면
그것이 바로 진대지盡大地가
일진법계一眞法界로 화하게 된다."

가다가
잘못한 일이 있을 때는
고치면 되는 것이니
천번만번 고쳐 나가라
그러면 바로 그 사람이
불보살이니라

대산종사법문 법훈

법당 法堂

익산성지 수행도량.
가지런히 놓인 신발들을 바라보며,
저 집 주인은 어떤 분일까 궁금합니다.

문득, 옛 선인의 선시禪詩가 떠오릅니다.

"눈 덮인 들판을 걸어갈 때[踏雪野中去]
함부로 어지럽게 걷지 말라[不須胡亂行].
오늘 내가 남기는 이 발자국은[今日我行跡]
뒤에 따라 오는 이의 이정표가 될 것이니라[遂作後人程]."

오늘도 공부인은 마음을 찾습니다.
잃은 마음 찾는 이가
바로 법당法堂이요, 법의 주인입니다.

대산 종사 말씀하십니다.

"법당은 잃은 마음을 찾는 집이며,
복을 생산하는 집이므로 큰 집이니라."

이 마음 그늘질때
봉을 켜주고
허전할때 외로울때
힘을 얻는곳
지낸일 돌아보며
깨침을 얻고
가뿐한 마음으로
돌아가리라

교당의노래

그 마음을 얻거라

"마음의 평화를 얻고 싶으냐?
마음의 자유를 얻고 싶으냐?
그 자리를 보아야 그 마음을 얻느니라."

스승님과의 오래된 문답이 공부인의 정진을 재촉합니다.

대산 종사 말씀하십니다.

"보통사람은
상대편에서 몰라주거나 답례가 없을 때 상相과 원망이 나온다.
누가 잘못한다고 하면 기운이 까라져서
수도에 힘쓸 생각이 들어가 버린다.
밉지도, 곱지도, 더럽지도, 깨끗하지도 아니한
그 자리가 여래如來이다.
그 자리를 보고 마음을 얻어야
밉지도, 곱지도 아니한 바른 마음을 쓸 수 있다.
해탈하려고 하여 해탈하는 것이 아니다.
그 자리를 봤기에 그대로 마음을 씀으로 해탈이 된다.
그 자리를 보아야 한다."

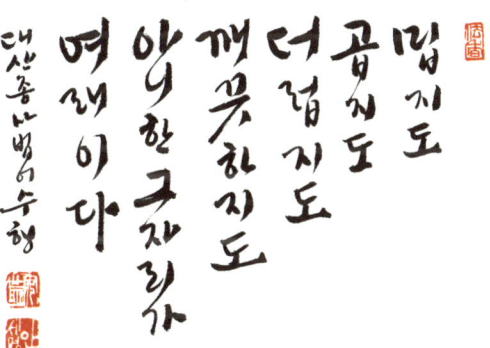

멉지도
곱지도
더럽지도
깨끗하지도
않한 그자리가
여래이다

대산종사법어 수행

청정주淸淨呪 일심

오늘도 우리 공부인은,
일체의 재액災厄과 원진寃瞋의 소멸을 위해
청정주를 염송합니다.

법신청정본무애法身淸淨本無碍.
본래 청정하여 걸리고 막힘이 없는
일원의 두렷한 성품, 법신에 합일합니다.

아득회광역부여我得廻光亦復如.
자성의 빛 돌이켜 법신을 환히 비추니
나의 공적영지 또한 이와 같이 회복됩니다.

태화원기성일단太和元氣成一團.
우주를 화육시키는 크고 다북찬 한 기운,
태화원기와 하나 되니

사마악취자소멸邪魔惡趣自消滅.
탐진치 욕심으로 빚어진
일체의 삿됨과 악도의 경계가 스스로 자취를 감춥니다.

대종사 말씀하십니다.

"도덕을 신봉하면서
염불이나 주송呪誦을 많이 계속하면
자연 일심이 청정하여
각자의 내심에 원심과 독심이 녹아질 것이며,
그에 따라 천지 허공 법계가
다 청정하고 평화하여질 것이라.
많이 부르라."

복을 불러오는 마음

소복소복.
하얗게 눈 쌓인 익산성지를 걸으며,

맑고 두렷한 일심 하나가
액厄을 소멸하고,
복을 불러오는 근원임을 깨닫습니다.

오늘도
소복素福하니, 소복召福합니다.

대종사 말씀하십니다.

"상극의 마음이
화禍를 불러들이는 근본이 되고,
상생의 마음이
복福을 불러들이는 근본이 되느니라."

주인공아, 주인공아, 주인공아

"마음에 죄업이 생기어
도로 제 몸을 부수는 것이[惡生於心 還自壞形]
마치 쇠에서 녹이 생겨
도리어 그 쇠를 먹는 것과 같느니라[如鐵生垢 反食其身]."

『법구경』 진구품塵垢品의 말씀처럼,
내 마음이 내 마음을 탁하게 하고,
흩어 버리고, 어리석게 합니다.

마음이 마음을 낳습니다.

이젠 더 이상 그 마음에 속지 않으렵니다.

오늘도 하나의 경계를 대할 때마다
제 이름을 나직이 불러봅니다.

"주인공아, 주인공아, 주인공아."

씻음의 공부 길

조주 스님 왈,
"그대는 오늘 아침 죽을 먹었느냐?
먹었으면, 그 발우를 잘 씻거라[洗鉢盂去]."

경산 상사 말씀하십니다.

"우리의 마음도 이처럼
평상시 잘 씻어야 합니다.
'씻는다'라는 것은
사심 잡념이 없는 그 자리입니다.
따로 찾으려 하면 집착입니다.
일상생활에서 마음을 사용한 후,
온전한 정신 그 자리에 머물도록 해야 합니다.
이것을 오래오래, 일심으로 훈련하는 것이
생사 거래하는 데 가장 중요한 일입니다.
'그 일 그 일 온전한 생각으로 그쳐있어라.'
대종사님의 최후 일념 법문입니다."

오늘도 이 마음을 보림保任합니다.

일상 수행의 길

매일 아침,
도반들과 경전을 봉독합니다.

연초에 시작한 『정산종사법어』도
어느덧 공도편을 훌쩍 넘어섰습니다.

법문 한 편 한 편이
하루를 다짐하는 큰 지혜가 됩니다.

스승님 말씀이 새겨집니다.

"원願을 세울 때
시간을 정定하고 공들이면 정력定力이 쌓이더라.
기도와 선, 경전과 일기 공부도
들쑥날쑥 하다 말다 하지 말고
마음을 정定할 때 일상이 곧 수행이 된다.
그 안정된 힘 속에 지혜가 조금씩 솟더라."

제일 귀한 것

서재에 꽂혀 있는 많은 책 중에도
늘 꺼내 보는 책이 있듯이,

경계를 대할 때마다
매 순간 새겨지는 스승님의 법문은
가장 존귀尊貴한 지혜입니다.

대산 종사 말씀하십니다.

"제일 귀한 것 셋이 있나니,
마음은 일심이 될 때가 제일 귀하니라.
아는 것은 실행할 때가 제일 귀하니라.
몸은 겸양할 때가 제일 귀하니라."

자기 표준을 잡고 계획성 있게 나가라. 거듭난다고 한 번에 되는 것이 아니다. 그것이 원리다. 그렇기 때문에 적공이 필요한 것이다. 옛 성현과 도인들도 매를 해놓고 잘못이 있으면 경책하였다고 한다.

『대산종사법문집』3집 신성 80

너, 참 오랜만이구나

거듭나겠다고 굳게 다짐해도
단박에 되지 않기에
스승님께서는 적공積功하라 하셨죠.

오늘도
스승님 법문을 등불 삼아[法燈明]
경계 부처님과 대화합니다.

대산 종사 말씀하십니다.

"경계가 오면
두려워하지도 말고 놀라지도 말고
'야~ 너, 참 오랜만이구나.'
그렇게 친구처럼 반갑게 맞이해야 한다.
그러면 마음이 요란하지 않고 편안해진다."

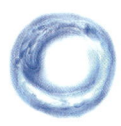

마음이
죽은이 되어
화내지말고
죽은의 입장에서
나를 찾아오는
귀한 손님으로 알라

생각이 잠자면

중앙중도훈련원 선방.
사람의 체온이 36.5℃라더니,
150명의 선열禪悅이 솥처럼 타오릅니다.

새벽의 청정한 기운과 팽팽히 대적하다
하나둘 수기水氣가 오르니,
선방은 이내 서늘하고 맑아집니다.

망념이 쉬니 본래 마음 나타나듯

원력 뭉친 이들은
수행의 자력自力으로 선정禪定에 듭니다.

대종사 말씀하십니다.
"생각이 잠자고 기운이 평순平順하면
머리가 서늘하고 정신이 명랑하여 맑은 침이 입속에 도나니
이는 물기운이 오르고 불기운이 내리는 연고이니라."

나를 찾고, 나를 놓자

"오늘도
나를 찾고 내일도 나를 찾자.
오늘도
나를 놓고 내일도 나를 놓자."

성산 성정철 종사님의 법문은
언제나 석벽石壁의 의두가 되어

경계를 대할 때마다
이 마음을 찾게 하고
이 마음을 놓게 합니다.

대산 종사 말씀하십니다.

"우리 마음을
허공같이 텅 비워 버리고
일월같이 밝고 두렷하게 만들며
물과 같이 부드럽고 바르게 하라."

오늘도 나를 찾고
내일도 나를 찾자
오늘도 나를 놓고
내일도 나를 놓자

뽀드득 단련

수학 시절, 스승님께선
'뽀드득'이란 예화를 자주 들려주셨죠.

"빨래 품팔이를 하는 고부姑婦가 있었는데,
시어머니 빨래는 항상 더 희므로 값을 많이 받았다.
며느리가 아무리 그 이유를 물어도 안 가르쳐 주더니
죽을 때, 시어머니는 '뽀드득' 하고 죽었다.
며느리는 그 후부터
빨래를 '뽀드득' 소리가 나도록 빨았더니
시어머니와 같은 값을 쳐주더라…."

"우리도
한 경계 한 경계를 대할 때마다
'뽀드득' 소리가 나도록
자신을 단련하고 인내해야 한다.
그것이 바로 정진이다."

스승님께서 물려 주신 공부 길입니다.

뽀드득

스스로 뽀드득
소리가 나도록
짜고 또 짜는
철저한 자세로
자기훈련을 해야한다

대순종사 법문수행

• 박수근 화백의 '빨래터' 모사

마음 창고

익산성지는 청설모 가족들의 겨울 창고입니다.

가을 내내 부지런히 모아둔 먹거리들을
솔밭 언덕, 이곳 저곳에 야무지게 묻어놓고
오늘도 내일도 하나둘씩 꺼내 먹는
그들의 영민함이 참으로 신비롭습니다.

문득, 제 마음 창고에는 어떤 열매가 쌓였는지
무엇을 비축하며 살고 있는지 살피게 됩니다.

스승님께서는
"수도인의 수첩에는 언제나 의심 건이 적혀 있어야 한다."라고 하시며
마음 창고에 '혜두慧頭'의 씨앗을 심으라고 당부하셨습니다.

대산 종사 말씀하십니다.

"부잣집 창고에 곡식이 가득하듯
수도인의 창고에는 의심 건이 많이 있어야 한다.
그 의심 건을 푸는 방법은

견문見聞, 사색思索, 수증修證으로 공부하며
선정으로 혜두를 깨쳐야 한다.
청정하고 걸림이 없는 지혜는
다 선정으로 인해서 나온다[清淨無碍慧皆因禪定生].
의심 건을 계속 연마하는 사람과 하지 않는 사람은
시간이 흐를수록 그 생활이 달라진다."

보고 들어 알고
깊이 헤아려 알며
직접 닦아 확인해 알고
마음을 고요히 통일해
입정으로 밝아지는
선정으로 혜두를 깨치라

대산종사 법문집 수행

의두 하나, 달빛에 걸고

봄바람 흩날리는 교교皎皎한 달밤.

스승님께서
'깨달아보라' 이르신 화두 하나.

'또각또각'
염주알처럼 굴리고 또 굴려봅니다.

대종사 말씀하십니다.

"간밤에 큰비가 내린 후
하도 달이 밝기로
밖에 나와 거닐며 살피어 보니,
마당 여기저기 웅덩이마다 물이 고여 있고,
물 고인 웅덩이마다 밝은 달이 하나씩 비쳐 있더라.
이 웅덩이에도 달이 있고,
저 웅덩이에도 달이 있는데
깊은 웅덩이에는 물도 오래 가고 달도 오래 비치지마는
얕은 웅덩이에는 물도 오래 가지 못하고 달도 바로 사라질 것이다.

생사의 이치도 또한 그러하나니,
물이 있으매 달이 비치고, 물이 다하매 달이 없으니
물은 어디로 갔으며 달은 어디로 갔는가.
생사의 이치가 이러하나니 모두들 깊이 한번 궁구해 보라."

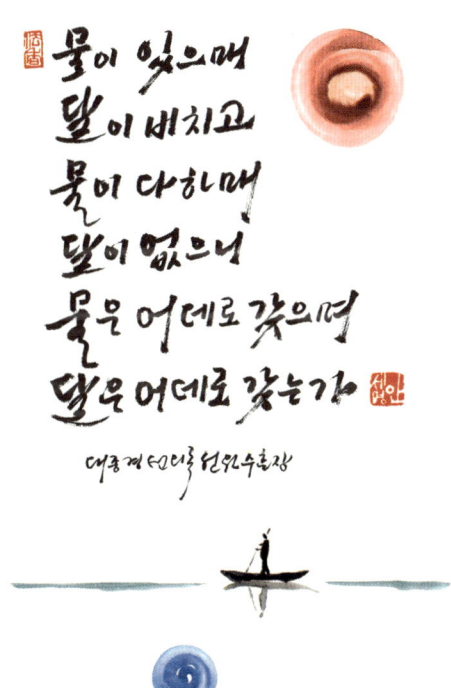

등화가친 燈火可親

새 학기를 맞은 서원관 예비교무들이
종법사님과 함께 한 훈증의 시간.

익산성지 공회당,
그 푸른 툇마루에 한가로이 걸터앉아 청법의 행운을 누립니다.

경산 상사 말씀하십니다.

"올해는 무척 더웠어요. 덕분에 여러분들도 부쩍 큰 것 같습니다.
또한 법신불께서 청량한 가을을 주시니 더욱 감사합니다.
오늘은 여러분께
당의 문인 한유韓愈가 아들 부符에게 들려준
시구를 소개할까 합니다.
'맑고 서늘한 가을바람 저 언덕에서 불어오니[新凉入郊墟],
촛불, 더 가까이하여 글 읽는데 공들이거라[燈火稍可親].'
이 좋은 계절, 선禪과 경전 공부에 정진합시다.
선은 곧 '인욕정진忍辱精進' 입니다.
우리가 좌선을 할 때 수마를 극복하고,
번뇌를 제거하고, 참 마음을 찾아갑니다.

이 모든 것이 하루아침에 이뤄지는 것이 아닙니다.
얼른 이뤄지는 것보다 공들이고 또 뭉쳐내
오랫동안 고생해서 익혀짐이 훨씬 좋습니다.
또한 스승님 말씀이 담겨 있는 경전을
읽고, 외우고, 실천해 보고,
다시, 또다시, 또다시 해보는 데에서
내 것이 되고, 깨달음이 생겨납니다.
이때야 비로소
경전이 나를 비추고, 삶의 기준이 되며,
세상 이치를 알려주는 거울이 됩니다.
우리 함께 부단히 정진합시다."

정산 종사 말씀하십니다.

"보살은 인욕으로써 그 마음을 기르나니,
인욕의 공부는 처음에는 죽순 같고 다음에는 대 같고
마침내는 태산 교악 같아 만세에 뽑지 못할 힘이 있고,
마음 넓히는 공부는 처음에는 시내 같고 다음에는 강江 같고
마침내는 대해 창양滄洋 같아서 불가사의한 역량이 있느니라."

우리는 삼학의 바른길을 찾았으니 어떠한 유혹과 마장이 있을지라도 영원히 이 공부를 쉬지 아니하겠나이다. 우리는 사은의 근본 원리를 알았으니 어떠한 역경이나 원망할 일을 당할지라도 끝까지 이 감사 생활을 변하지 아니하겠나이다.

『정산종사법어』 기연편 12

나무아미타불 자성 극락

퇴임을 앞두고,
생애 마지막 전무출신 훈련에
입선入禪하신 원로교무 한 분이
후배 교역자들에게 '성불사의 목탁 소리'를 노래하십니다.

"저는 일생을
'나무아미타불 자성극락自性極樂', 이 한마음으로 살아왔어요.
그러던 지난 4월, 갑자기 뇌경색이 찾아왔지요.
병마와 씨름하다 '이번 훈련에 못 오면 어쩌나' 전전긍긍했습니다.

스승님 말씀에 '선방 문고리만 잡아도
삼악도를 면하고 지옥문을 넘어선다.' 하셨으니,
이 얼마나 귀한 훈련입니까?"

오직 서원 한길.

선진님의 간절한 적공의 삶을 닮아가겠습니다.

한 교도 입선을 위해
선비禪費를 저축한다는 이야기를 듣고
대산 종사 말씀하십니다.

"어디 가서 무슨 수로
그 무섭고 어두운 삼세 업장을 녹일 수 있겠는가.
예로부터 선방 문고리만 잡아도
삼세 업장이 녹는다는 말이 있나니,
선방에 입선하는 것이
큰 광명을 받는 길이요, 삼세 업장을 녹이는 길이니라."

자문자답

익산성지는 깊은 가을입니다.

여기저기 과실들이 튼실히 여물어 가고
고요한 빈방에도 햇살이 가득합니다.

이즈음 제 마음에도 정진심이 차오릅니다.

법法의 힘은 잘 커나가고 있는지,
실實의 힘은 갖춰 가는지 ….

오늘도 저에게 묻습니다.

"나는 누구인가?"

"나는 기도하는 사람입니다."
"나는 일원상 서원을 가진 사람입니다."
"나는 끝까지 감사생활하는 사람입니다."
"나는 소태산 대종사님의 제자입니다."
"나는 …"

순경과 역경이
모두 공부의
기회를 주시고
성인과 악인이
다같이 공부의
길을 일도 하나니라

정산종사법어 응기편

대大로 돌아가라

가을이 깊어지니
수도인의 관심도 근원根源으로 돌아갑니다.

경산 상사, 수행 길을 말씀하십니다.

"참 좋은 계절이지요.
누구나 봄에는 많은 것을 하겠다 마음먹고 다짐하지만
가을이 되면, 사람마다 그 결실과 수확에 차이가 생깁니다.

올 한해에도 우리는 공을 들였습니다.
그런데 무엇에 공을 들였나요?
이 한 물음에 깊은 성찰이 있습니다.
공든 탑은 무너지지 않기 때문입니다.
가을 물이 더 깨끗한 것도
모든 것이 고향으로, 제자리로 돌아가기 때문입니다.

우리 수도인은 마음을 알아서
마음의 자유를 얻는 공부에 공들여야 합니다.
지금 이 순간, 누가 듣고, 누가 말하며, 누가 웃습니까?

그 주인공主人公이 누군가요? 누가 밝게 응應하고 있나요?
이 주인공을 환히 아는 것을 '견성見性'이라 합니다.
마음의 전모를 들여다보는 대大의 소식은,
의문을 갖지 않고서는 절대로 깨칠 수 없습니다.
'이것이 무엇일까?' 그 물음이 있었기에,
'아~ 그렇구나!'가 생기는 것입니다.
이것이 바로 원력願力입니다.
대의 소식을 알아 대 자리에 복귀하는 것.
이것이 심신을 원만하게 수호하는 공부입니다."

공들임이란, 믿음과 원력, 의문과 정성입니다.

깨달음이란

"무엇을 지혜라 하나요?"

숭산 박광전 종사님의 담박한 법문은
맑은 죽비소리처럼 우리를 일깨웁니다.

"아는 것과 깨닫는 것은 다릅니다.
'실행할 수 있게 아는 것'을 깨달았다고 하는 것입니다.
아무리 정직이 좋고 성실함이 좋다고 하더라도
지혜가 없는 정직은 소용이 없고
실천 없는 성실은 아무 가치가 없는 것입니다."

그렇습니다.
자신이 직접 해보고, 일으켜 세워보고,
참아보고, 녹여봄으로써 수증修證한 지혜라야,
비로소 깨달음이라 말할 수 있습니다.

대산 종사 말씀하십니다.

"법法이란 일찍 깨고,

늦게 깨는 데 관계없이 전해지는 것이다.

그러니 우리도 쉬지 말고 계속 마탁磨琢 시켜서 깨야 한다.

내가 파서 먹는 샘물이라야 시원하지

남이 떠다 놓은 물은 시원한 맛이 없다.

그와 같이 깨야 샘물이 되고, 툭툭 터진 소리가 나오게 된다."

새순 돋는 자리

굽이진 성탑 오솔길, 소담스러운 녹차 밭엔
곡우穀雨 지난 맑은 새순들이
고요한 솔밭을 환하게 깨웁니다.

"이 작은 새순 하나가
내 마음마저 살리는구나…"

해마다 어김없이 새잎을 돋우는
그들의 부단함을 '적공積功'이라 말합니다.

스승님께서 말씀하셨죠.

"나무가 꺾이었다가도
새로 새순이 나면 더 빨리 자라더구나.
공부인의 마음도 성현에게 접椄을 붙이면,
그렇게 살아나는 법이다."

성탑 한 바퀴 돌아오는 길.
수행자의 가슴엔 법열法悅이 차오릅니다.

시인 김종순 님의 '새순이 돋는 자리'입니다.

"새순은 아무 데나 고개 내밀지 않는다.
햇살이 데운 자리, 이슬이 닦은 자리
세상에서 가장 맑고 따뜻한 자리만 골라
한 알 진주로 돋아난다."

진구 덕이라 하는것은
어느곳 어느일을
막론하고
오직 은혜가
나타나는 것을
이름하나니라

대종경인도품2장

이제 집이 작구나

'이만하면 견고하겠지'라고 생각했던
신심, 공심, 공부심도 자신할 수 없을 때가 오더군요.

이럴 때면,
"내 집이 작구나.
이제 집을 넓혀 큰 집으로 이사해야지."
그렇게 진리께서 주신 뜻임을 알아차립니다.

한 해를 반조하고 새해를 준비하는 요즈음
자주 흥얼거리는 노래가 있습니다.

"두껍아 두껍아 헌 집 줄게 새집 다오."
어려서 모래집을 두들기며 불렀던 전래동요입니다.

아마도 '두꺼비'는 두텁고 갑갑한 내 안의 허물이요,
그 어리석음에서 벗어나면 넓고 툭 트인 새집을 얻는다는
성리性理의 소식임을 깨닫습니다.

대산 종사 말씀하십니다.

"산 마음이란,
서원, 신심, 공부심, 공심, 자비심이 나날이 살아나는 것이며,
죽은 마음이란, 이상을 향한 마음이 희미하여질 때이다.
공부인이 항마 이상이 되어야 평상심이 된다.
그 이하는 살아났다, 희미하여졌다 반복하는 것이다."

백번천번만번째
쉬었다가 마지막에
한 번 챙겨 나가면 된다
걱정할 것 없다

선심일여 禪心一如

"바른 자세 순한 기운
고른 숨결 편한 몸이
한시 두시 지내도록
물物과 나我를 잊었었오."

주산 송도성 종사께서 밝혀 주신
선정삼매禪定三昧의 길입니다.

"있는 그대로 곧게 길러라"는
주산 종사님의 '직양直養' 법문에
공부 길이 간명해집니다.

자세는 바르고 겸허하게
기운은 순하고 청명하게
숨결은 고르고 가지런하게
몸은 화평하고 자애롭게

일상에서 이 마음, 선심禪心으로
생활을 다스려갑니다.

마음이 열려 가면[見性],

성품 기르는[養性] 도가 눈앞에 있어

경계마다 마음 사용[率性]이 법다워집니다.

정금좌효천正禁坐曉天 일법부당전一法不當前

기멸심망처起滅心亡處 보리성자연菩提性自然

옷깃을 여미고 새벽에 앉으니, 한 법도 내 앞에 얼씬을 못한다.

드나들 마음이 없어진 그 자리. 그 자리 그대로 우리의 보리성.

주산 종사 시가 '선후감운禪後感韻'

이때가 그때이다

소태산 대종사님의 법문에
'정히'란 말씀이 등장합니다.

"정히, 이때가 그때이다."

'정히'란 '진정眞正으로 꼭'
'틀림없이 지금 바로'란 뜻입니다.

"그대여! 결코 미루지 말라.
어리석음에 사로잡히지 말라.
공부하고 불공할 때가 바로 지금이다."
그렇게 '정신을 차려라.' 하십니다.

대종사 말씀하십니다.

"참으로 공부할 줄 아는 사람은,
좋은 경계나 낮은 경계를 당할 때에
경계를 당했다고 생각지 아니하고,
'정히' 이때가 공부할 때가 돌아왔다고 생각하여,

경계에 휩쓸려 넘어가지 아니하고

그 경계를 능히 잘 부려 쓰는 것이다."

돌이 서서 듣다

바쁜 일상.

두 눈을 잠시 감는 것만으로도
내 안의 고요를 회복합니다.
두 귀를 잠시 닫는 것만으로도
내 안의 절대絶對를 들을 수 있습니다.

이 순간, 돌이 되어 물소리를 듣습니다.

대산 종사 말씀하십니다.

"변산구곡로에 돌이 서서 물소리를 듣더라.
무무역무무無無亦無無.
없고 없고, 또한 없고 없도다.
눈을 감고 가만히 세상을 둘러보면,
세상에 쌓아 놓은 것 그것 없는 것이다.
비비역비비非非亦非非.
아니고, 아니고 아니고 아니다.
옳다 그르다, 아니다 맞다,

네가 낫다, 내가 잘 산다
시시비비로 보는데 그것 아니다.
우리는 일마다 원수가 있고,
미운 사람 좋은 사람이 있는데,
바위는 물에 서서 물소리만 듣고 있다."

야진惹塵의 진실

익산성지, 짙푸른 돌탑의 이끼가
세월의 영속永續을 느끼게 합니다.

공부하는 이의 마음에 티끌 일어남은
알아차릴 대상이지, 번뇌의 화두는 아닙니다.

오늘도 묵은 또 하나의 관문이 사라집니다.

신수와 육조가 논했던,
'성품에 티끌이 낀다'는 '야진惹塵'의 진실은
'본래 한 물건도 없다[本來無一物]'는 일심의 소식과
'부지런히 털고 닦아라[時時勤拂拭]'는 수행의 일치입니다.

일심의 수행.
마음공부의 실상입니다.

『수심결』 말씀입니다.

"그런 고로 깨친 뒤에는, 항상 마땅히 비추고 살펴서

망념이 홀연히 일어나거든 도무지 따르지 말고,
덜고 또 덜어서 덜 것이 없는 지경에 이르러야
비로소 구경처에 도달할 것이니,
천하 선지식들의 깨친 뒤에 '목우행牧牛行'이 이것이니라."

마음 거울

"수도인의 마음 하늘에
욕심의 검은 구름이 걷혀 버려야 지혜의 달이 솟나니,
말 없는 가운데
마음 달 부처님을 온전히 만납니다[無言相逢心若月]."

대종사님께서는
탑을 돌며 참배하는 이들에게 말씀하십니다.

"육신의 탑을
자기의 마음이 항상 돌아서 살피면
극락을 수용할 수 있나니,
육신의 탑을
마음이 돌 줄을 모른다면
어찌 그 참뜻을 알았다 하리오."

오늘도 우리 공부인은
부지런히 마음 거울을 비추며,
염불하고 또 염불하며
업장몸을 녹여냅니다.

대산 종사 말씀하십니다.

"이 염불의 인연으로
삼계진루三界塵漏가 다 사라지고,
심월心月만 홀로 빛나게 하여지이다. 나무아미타불."

일원상 서원문을 외우라

"삼세 업장을 녹이고
기질을 변화시키려는 서원을 세우거라."

일원상 서원문을 독송하던 중
대산 종사님의 법문이 가슴에서 툭 나옵니다.
마음을 멈춰, 심고를 올립니다.

"사은이시여,
심불心佛 전에 귀의합니다.
불과를 얻게 하소서."

대산 종사 말씀하십니다.

"일원상 서원문을 외우는 것이
기질을 변화시키는데 더없이 좋은 방법이 되나니,
일원상 서원문을 지성으로 외우다 보면
언어가 끊어지고 심행처가 없는 자리에
마음이 머물게 되는데
바로 그 자리가 적멸궁이요, 열반락의 자리니라.

부처님께서는 이 자리를 알아

'나 없으매 나 아님이 없는 자리[無我無不我]'에 머무시느니라."

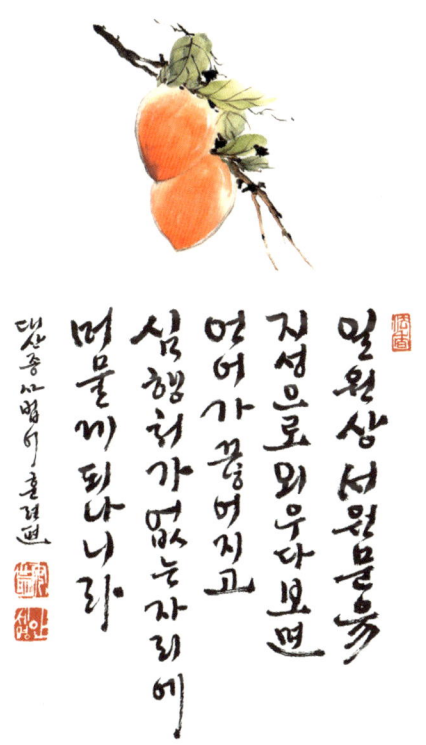

본심 本心

법신불 전에 헌배를 올립니다.

절 하나의 공력이 모여 일심一心이 되고,
절 하나의 정성이 모여 불공佛供이 되며,
절 하나의 서원이 모여 원력願力이 됩니다.

그래서 스승님께서는
"그 하나하나에 본심本心을 잃지 말라." 하셨습니다.

정산 종사 말씀하십니다.

"그러므로 우리는
눈앞의 곤란을 극복하고
봄을 맞이할 준비를 하여야 한다.
그 준비로서는 실력을 양성하는 것이요,
은혜로써 서로 화하는 기술을 양성하는 것이며,
각자에게 구존한 본심을
잘 찾아서 잘 사용하는 것이다."

절 하나의
공력이 모여
열심이 되고

절 하나의
정성이 모여
불공이 되며

절 하나의
서원이 모여
원력이 됩니다

서원

誓願

우리의 마음이
불생불멸의 대도에
큰 서원을 발한 날이
곧 마음의 큰 생일이니라.

『정산종사법어』 무본편 47장

내 속에 법문을 새겨라

"법문을
좋아만 해서는 안 된다.

법문을
외우는 것만으로도 안 된다.

법문이
너의 마음과 몸에
각인刻印 되어야 한다."

오래전 스승님의 말씀.

경계마다 일심으로,
서원으로 대조합니다.

줄탁동시 | 啐啄同時

마음의 세계란
큰 법문을 들어야만 열리는 것이 아니라,
법法을 향한 내 안의 공부심이
얼마나 간절한지에 달려 있음을 깨닫습니다.

마치 병아리가 알에서 나오기 위해
어미와 새끼 닭이 부단히
서로의 부리를 부딪침[啐啄同時]과 같은 일이겠지요.

대산 종사 말씀하십니다.

"속 깊은 마음공부를 하려면
진리와 스승에게 연하려는 간절한 마음과
법을 구하려는 지극한 서원과 정성이 있어야 하느니라.
큰 법문 듣는다고 역량이 터지는 것이 아니요,
서투른 말이라도 그때 공들인 것을 찾으면
크게 터질 수 있다."

일원상 서원

법신불 일원상
심불心佛전에 서원합니다.

"오늘도
일악업一惡業을 멈추리라."

"오늘도
일선업一善業을 닦으리라."

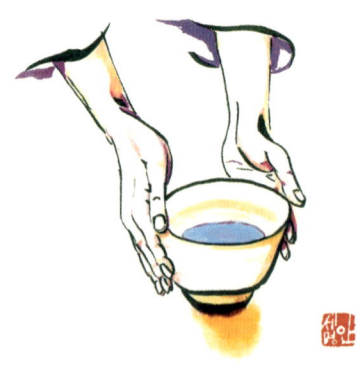

함박꽃 작약

그토록
단단히 뭉치고
또 뭉치더니,

함박에 피어나다.

사람도.
공부도.
불공도.

참으로
참으로 그러하다.

문향만리 |聞香萬里

법의 힘을 갖춘 분을 뵈면
닫히고 냉랭했던 마음이 열리고,
그윽한 법향法香이 심지心地에 피어납니다.

법의 향기를 들을 수 있는
'문향聞香'의 소식입니다.

아난존자, 깊은 명상이 있은 후
한 생각이 일어나 부처님께 사룁니다.

"스승님, 이 세상에 과연 무엇이
바람을 거슬러 향내를 낼 수 있을까요?"

부처님 말씀하십니다.
"꽃향기는 바람을 거스르지 못한다.
부용도 전단나무 향도 마찬가지다[花香不逆風 芙蓉栴檀香].
그러나 덕 있는 사람이 풍기는 덕향은
바람을 거슬러 어디서든 들려온다[德香逆風薰 德人徧聞香]."

보리수 꽃향기 그윽한 날
대산 종사 이어 말씀하십니다.

"우리 수도인도 저와 같아야 한다.
진리와 도덕만 갖추면 자연 도향道香이 사방에 풍겨서
일체생령이 구원을 받으려고 모이게 되는 것이다.
그러니 수도인은 오직 수도에 전력할 뿐, 다른 계교는 일체 놓아야 한다."

법명法名의 힘

정해진 시간, 어김없이 일과를 지키는
대산 종사님의 사시정진四時精進은
지금도 여전히 위대한 법문입니다.

어느 날 스승님께서는 벽에 걸린
과거·현재·미래 삼천불三千佛의 명호를 가리키며
말씀하셨습니다.

"이 삼천불 명호 가운데
자신의 법명과 한 자字라도 같은 자가 있다면
자기의 부처님으로 정하여
자신조불自身造佛하는 적공을 하라."

우리의 법명에는 그러한 놀라운 힘이 있습니다.
부처되는 원력이 담겨 있습니다.

대산 종사 말씀하십니다.

"법명이라는 것이

그냥 좋은 글자로 짓는 것이 아니다.

그 사람의 앞 전정前程이나 서원을 반조하기 위해서 지어 주는 것이니,

이름 하나를 표준해서 일생과 영생을 표준 삼는 것이다."

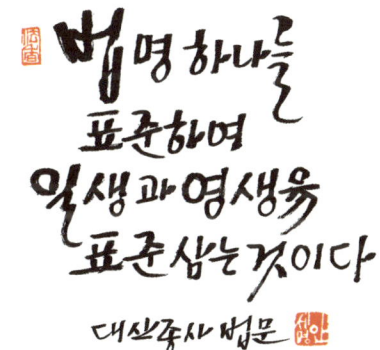

새봄엔 소박해지겠습니다

산, 들, 강…
우리네 마음에도
어느새 봄이 찾아왔습니다.

대지에 물기가 촉촉이 차오르고
숲의 새들은 분주히 아침을 열며
우리 수행자의 마음 하늘도
더없이 자유롭고 청명淸明합니다.

아! 올봄에는
더 단순하고 소박해지려 합니다.

아주 작은 것에도 깊은 만족을 느끼며,
나 혼자가 아닌 전체의 행복을 이뤄가겠습니다.
공부도, 인연도, 사업도
그 하나하나를 알뜰하고 정성스럽게 가꿔가겠습니다.

새봄, 간절한 서원입니다.

법정 스님 말씀으로 이 봄을 맞이합니다.

"내 소망은 단순하게 사는 일이다.
그리고 평범하게 사는 일이다.
느낌과 의지대로 자연스럽게 살고 싶다.
그 누구도, 내 삶을 대신해서 살아줄 수 없기 때문에
나는 나답게 살고 싶다."

담박한 봄날

나무가 제 잎을 떨어뜨릴 때
자신의 키만큼, 자신의 뿌리만큼 퍼져 나감을 바라봅니다.

꽃이 피면 다시 지고,
더 푸른 잎이 돋아나는 결실의 과정에
"수행자가 클 때는 음양의 시험으로 키워지고 자란다." 하신
대산 종사님의 말씀이 수행의 둘레를 채웁니다.

오늘도 피고 지는 인생의 순역경계를
담박한 심경으로 준비하고, 맞이합니다.

도종환 시인의 '저무는 꽃잎'입니다.

"가장 화려하게 피었을 때
그리하여 이제는 저무는 일만 남았을 때
추하지 않게 지는 일을 준비하는 꽃은 오히려 고요하다.

화려한 빛깔과 향기를 다만 며칠이라도 더 붙들어 두기 위해
조바심이 나서 머리채를 흔드는 꽃들도 많지만

아름다움 조금씩 저무는 날들이
생에 있어서는 더욱 소중하다는 것을

아름다운 날에 대한 욕심 접는 만큼
꽃맺이 한 치씩 커 오른다는 걸 아는 꽃들의 자태는
세월 앞에 오히려 담백하다

떨어진 꽃잎 하나 가만히 볼에 대어 보는 봄날 오후."

생수生水 서원

따스한 햇살,
푸르른 신록,
청명한 바람 한 줄기에도
우리네 삶은 이토록 행복해집니다.

더구나
한 사람의 자비와
한 사람의 용서와
한 사람의 깨침은
세상의 업장을 녹이는 맑은 생수生水입니다.

지금 이 순간.
내 안의 참회와 간절한 기도가
얼마나 고귀한 수행인지 절감하는 하루입니다.

대산 종사 말씀하십니다.

"나는 언제나
서원과 신심이 크고 깊어져서

이 공부 이 사업을 잘할 수 있을까?
스스로 요원遙遠하게 생각하지 말라.
한마음 한마음을 조심하고 챙겨 나가면 되는 것이다.
큰 방죽 물도 조그만 생수가 터져 나오면
시간이 문제이지 전 방죽을 맑힐 수 있는 것이다."

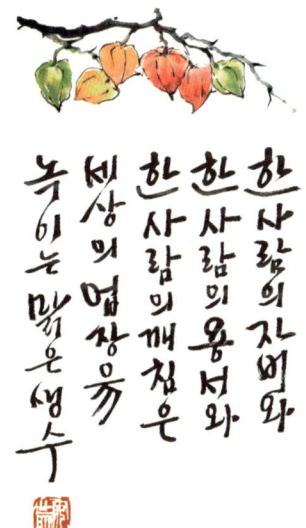

한 사람의 잔머리와
한 사람의 용서와
한 사람의 깨침은
세상의 업장을
녹이는 맑은 생수

회향回向의 길

어려서부터
'회향回向'이란 말을 참 좋아합니다.

중생의 삶을 돌이켜 부처의 길로 향하는 마음.
자신의 선근공덕을 모든 존재에게 아낌없이 돌려주는 희사의 마음.
선정과 계행을 견디어 불도를 이루려는 간절한 발원의 마음.

오늘도, 내일도
진리와 스승과 법과 회상에 회향합니다.

다만 참다운 회향이란,

지금 행하고 있는 일체의 선근善根과
수행의 공덕功德을 쌓았다는
쌓고 있다는 그 '있음有'의 세계에서

'행한 바 없는 마음'
'자성회향自性回向'에 귀의하는 것임을 온전히 깨닫습니다.

정산 종사 말씀하십니다.

"사람이 정법에 귀의하여
성불제중의 큰 원에 회향만 잘 하였다 하여
바로 그 목적을 달성하는 것이 아니다.
초목이 좋은 땅을 만났다 하더라도
세월의 흐름에 따라 차츰 성장하는 것같이,
수도하는 사람도 오래 닦고 행하여야
본래의 큰 뜻을 이루리라."

달인達人은 다 피어버린 꽃보다 반쯤 벌어진 꽃을 좋게 여기고 가득 차버린 달보다 반달을 더 사랑하는 것입니다. 진리는 늘 순환무궁循環無窮하여 양지陽地가 음지陰地가 되고, 음지가 양지가 되며, 가득 차면 다시 이지러지고 비면 다시 차는 이치가 있습니다.

『대산종사법문집』 2집 신년법문 화동和同하는 길

마음 평수

스승님의 말씀을 이어갑니다.

"나는 이제야 세상을 위한 기도가 되는구나.
사람이 어떠한 책임을 졌을 때
주인이 되는 것은 보통 할 수 있는 일이다.
그러나 책임을 맡지 않고도 묵묵히 그 일을 해내는 사람은
진정으로 깨치신 분이요, 숨은 도인이다.
그분들의 원력과 정진으로 이 세상이 운행된다.
그 힘은, 시방을 다 좋게 해주고도 남는 마음
대공심大公心이다.
'공변될 공公'은 우리 각자의 '마음 평수'와 비례한다.
깨친 만큼 주인이 되는 법이다."

오늘도 내 마음 평수를, 사랑의 깊이를 헤아려 봅니다.

정산 종사 말씀하십니다.

"주인의 심경으로 하는 공부는
삼세를 통하여 이 공부만이

영원히 제도 받는 길인 것을 자신하고
하기 싫으나 하고 싶으나 남이 알아주나 몰라주나 간에
꾸준히 힘을 쌓아 가는 것이니라.
주인은 알뜰하고 상이 없으므로
알뜰하고 국한 없는 공이 돌아오느니라."

마음평수

하나자리 깨치니
내마음 평수 늘어나네
큰집 발견하니
다 좋게 하고도
남는 마음

절대 서원, 절대 수행

이른 아침,
총부 경내에 퍼지는 힘찬 비질 소리.

묵은 업장들을 쓸어내는 듯 경쾌하고 시원합니다.

매일 매일 그렇게 쓸고 닦고,
매일 매일 그렇게 맑히고 바루고 ….

마음이란,
오래되면 풀어지기 쉽고
경계와 부딪히면 흔들리기 쉽기에

순간순간
'챙기는 마음'을 실현해 가는 것이
진실한 수행이요, 서원임을 깨닫습니다.

대산 종사 말씀하십니다.

"나는 이 회상에 와서

빗자루 들고 청소 한 번 하는 것이
수백 겁 수행하는 것보다 더 가치가 있다고 생각하므로
영겁에 물러나지 않을 서원을 세우고
이 회상을 떠나지 않겠노라."

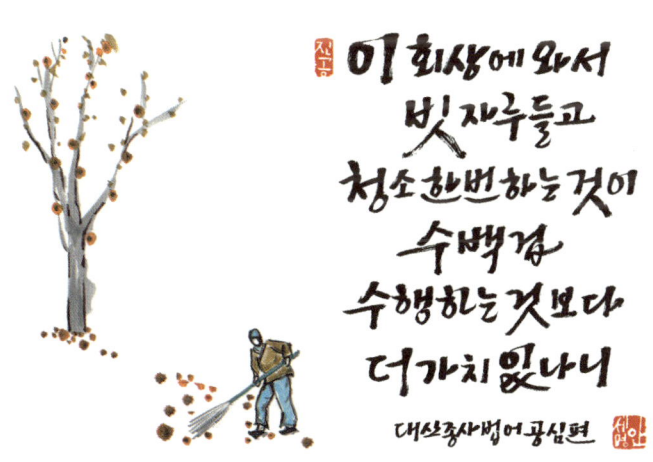

길룡리 정신

영산교당 신축 봉불식에 다녀왔습니다.

불사를 해 주신 건산 최준명 종사님의 말씀이
가슴에 오랫동안 머뭅니다.

"자화자찬 같아 참으로 죄송스러운 자리입니다.
제가 이곳 영광 길룡리 吉龍里에서 태어났지만,
40년 전 이 교당을 지을 때에는 길이 없어서
철근 한 트럭 싣고서는 동국민학교에서 내려서
우마차로 겨우겨우 끌고 와야 하는 열악한 곳이었습니다.
우리의 근원성지 영산이
이제는 사방으로 널직 널직 시원하게 열려 있고
좋은 시설도 많이 들어와 있습니다.
여기 계신 분들도 얼굴이 모두 훤하시고 다 기름져 보이십니다.
제가 영산을 떠나 올 때,
직접 삼은 짚신을 신고 어머니가 만들어 준 무명 베옷을 입고
야간열차를 타고 서울로 상경했습니다.
이제 백발이 성성해져서 다시 고향에 돌아와
'뭘 좀 했다'고 말하고 있으니, 멋쩍기가 한이 없습니다.

다만 오늘 꼭 말씀드리고 싶은 것은
영산 길룡리에 마음을 관리할 수 있는 전당이 마련되었으니,
힘들고 지칠 때면 이곳에 찾아와 자기 기도를 드리고,
자신의 맹서를 살피며, 실천은 잘하고 있는지, 반성에 공을 들이는
그런 터전이 되었으면 정말로 좋겠습니다.
또한 대종사님의 정법을 세상에 펴는데
모닥불 피우는 하나의 부지깽이가 될 수 있다면
이 교당을 신축한 보람이 될 것입니다."

오늘 우리는 '영산 길룡리 정신'을 배웁니다.

간절히 원하옵니다

수학 시절 스승님 말씀입니다.

"할까 말까, 공들일까 말까, 바칠까 말까,
그렇게 '풍타죽風打竹 랑타죽浪打竹'
바람 부는 대로, 물결 치는 대로 서원과 신성이 흔들리지 말라.
'심신귀의心身歸依' 네 몸과 마음을, 탐진치 삼독심을
이 일, 이 공부에 완전히 귀의해 버려라!
오롯한 그 마음이
편안한 생활, 복 있는 생활, 법 있는 생활을 이루리라.
이것이 공부의 기초요, 서원이다."

부처님의 원력願力이 불과佛果를 이뤄내듯
지금의 이 맑은 '원願'을 더욱 귀히 여기겠습니다.
대산 종사님의 심원송心願頌을 글로 쓰고 마음으로 새겨봅니다.

"간절히 원하옵건대[願爲]
내 손길 닿는 곳[手之撫處] 내 발길 머무는 곳[足之踏處]
내 음성 메아리치는 곳[音之響處] 내 마음 향하는 곳마다[心之念處]
우리 모두 다 함께 성불 제중 인연이 되어지이다[皆共成佛濟衆之緣]."

간절히 원하옵건대
내 손길 닿는 곳
내 발걸머무는곳
내 음성 메아리치는 곳
내 마음 향하는 곳마다
우리 모두 다 함께
성불 겉중 인연이
되어지이다

대본종사범어 실현송

마음 그릇

내 안의 심량心量을 헤아리는데
한두 경계면 금세 바닥이 드러납니다.

공부인의 삶이란,
국한 없는 마음을 소유하는 길이기에

없던 것이 있어질 때
모르던 것이 알아질 때
모든 권리가 돌아올 때
오직 내 안의 마음 그릇을 키워갈 것을 서원합니다.

대종사 말씀하십니다.

"중생들은 그릇이 작은지라
없던 것이 있어진다든지
모르던 것이 알아지고 보면
곧 넘치기가 쉽고
또는 가벼이 흔들려서 목숨까지도 위태롭게 하나,
불보살들은 그 그릇이 국한이 없는지라

있어도 더한 바가 없고,

없어도 덜할 바가 없어서

그 살림의 유무를 가히 엿보지 못하므로

그 있는 바를 온전히 지키고

그 명命을 편안히 보존하느니라."

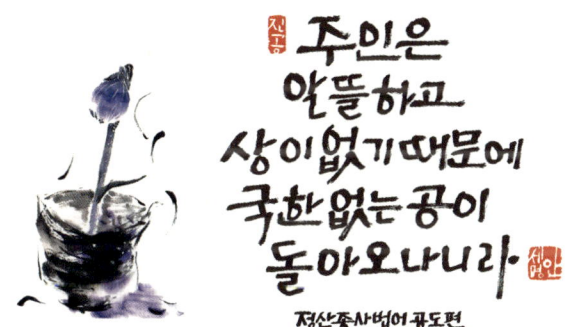

모스크바 상추 이야기

봉불과 개척불사!

저 속에 얼마나 푸른 희망이,
저 안에 얼마나 깊은 원력이 사무쳐 있을까요.
제 작은 기도가 더욱 간절해집니다.

언젠가 건산 최준명 종사께 받든 일화 한편을 소개합니다.

모스크바교당 개척 초창기.
교단 중진들이 일원상을 모시고 러시아를 방문했습니다.

당시 러시아는 이방인들에게는 너무나 위험한 환경이었기에,
교당 창문은 철창으로 막혀 있었고
지인들만 겨우 출입할 정도로 불안하고 열악했습니다.

15명이 모여 식사를 하는데, 한국에서 귀한 손님들이 왔다고
어렵게 구한 '상추 몇 장'이 식탁 위에 올려졌습니다.
그러나 식사를 마칠 때까지 아무도 그 상추에 손을 대지 못했습니다.
간고한 교당 살림을 보고 미안하고 먹먹한 마음에 침묵까지 흘렀습니다.

그날 일행들은 여행일정도 취소하고,
주머니에 있던 쌈짓돈까지 다 털어 교당에 불사했습니다.
"우리가 어려운 부분을 함께 책임지자."고 자진해서 의지를 모았습니다.

그렇게 모스크바 개척은 시작됐습니다.
진정한 불사는 이 마음, 서원의 결정입니다.

원기77년(1992) 9월, 한·러종교협의회 창립총회 차 러시아에 방문한 교단 대표단은 모스크바교당에 봉안할 일원상을 봉송해와 이날 눈물의 법신불 봉안식을 거행했다.

아버지의 원력

어느 첫눈 내리던 날,
아버지와 긴 대화를 나눴습니다.

"내가 다음 생에도
이렇게 사람으로 태어날 수 있는
자력이 있어야 할 텐데…
그것이 정말 고민되는 일이다.
이 법과 스승님을 다시 만나,
금생 미진했던 공부에 전력을 다하고 싶다.
이제부터는,
'사생의 심신작용에 따라 육도로 변화시킨다'는
대종사님 말씀에 의지해 더욱 정진하련다."

아버지의 간절한 원력이, 정직한 구도심이
제 가슴에 사무칩니다.

아버지와 함께 봉독한 대종사님 법문입니다.

"정성과 정성을 다하여

항상 심지가 요란하지 않게 하며,
항상 심지가 어리석지 않게 하며,
항상 심지가 그르지 않게 하고 보면
그 힘으로 지옥 중생이라도 천도할 능력이 생기느니라."

하고, 하고, 또 하고

경계를 대할 때마다
마음에 깊이 각인 되는 법문이 있습니다.

신타원 김혜성 종사님의 초재식에서 받든
효산 조정근 종사님의 법문입니다.

"신타원 종사께서는,
'죽을 때 가져갈 것은 적공 보따리 하나뿐이다'라며
당신의 오랜 구도 여정을 응축하셨습니다.
이러한 적공의 생애를 가능케 한 계기는
대산 종사께서 지도해 주신 두 가지 공부 비결 때문입니다.
그 하나는 '하고, 하고'입니다.
또 하나는 '하고, 하고, 또 하고'입니다.

신타원 종사께서는
이 가르침을 한시도 잊지 않고,
만지작거리고 또 만지작거리며
천의를 감동시킬 능력을 키우셨고,
결국 여의보주如意寶珠를 이루셨습니다.

참고 견뎌 나가야 할 것이

너무도 많은 우리네 사바세계.

모든 이들에게 극락을 만들어 갈 '사리舍利'가 되셨습니다."

진공묘유 성품이라 하는것은 허공에 달과 같이 참 달은 허공에 홀로 있건마는 그 그림자 달은 일천강에 비치는것과같이 우주와 만물도 또한 그 근본은 본래청정한 성품자리로 한 티끌도 없고, 한 형상도 없고 가고오는 것도 없고 죽고나는 것도 없고 부처와 중생도 없고 허무와 적멸도 없고 없다 하는 말도 또한 없는 것이며 유도 아니요 무도아닌 그것이나 그 중에서 그 있는 것이 無爲而化 자동적으로 생겨나 우주는 성주괴공으로 변하고 만물은 생로병사를 따라 육도와 사생으로 변화 하고 일원은 왕래하며 주야를 변화시키는 것과 같이 너의 죽어나고 죽는 것도 또한 변화 는 될지언정 생사는 아니니라 대종경 천도품

성품이라 하는 것은 허공에 달과 같이 참 달은 허공에 홀로 있건마는 그 그림자 달은 일천강에 비치는 것과 같이, 이 우주와 만물도 또한 그 근본은 본연 청정한 성품 자리로 한 이름도 없고, 한 형상도 없고, 가고 오는 것도 없고, 죽고 나는 것도 없고, 부처와 중생도 없고, 허무와 적멸도 없고, 없다 하는 말도 또한 없는 것이며, 유도 아니요 무도 아닌 그것이나

『대종경』 천도품 5

준비하고 있느냐

좌산 상사님을 찾아뵈었습니다.

언제나 한결같은
스승님의 놀라운 정진력은
'신분의성信忿疑誠'의 결정체입니다.

오늘은 '미래명감'을 법문해주시며,
제 안의 게으름을 타파해주십니다.

"미래는 아무리 막으려 해도
기어이 오고야 마는 법이다.
오직 준비하는 자만이 지혜로운 사람이다.
그러므로 미래를 대비하는 사람은
항상 선구자요, 첨단이요, 개척자요, 밝음이다.
현재는 과거의 결과요, 미래의 원인이니
투자하거라. 심고 가꾸거라. 그것이 바로 지혜니라.
너는 미래를 준비하고 있느냐?"

한참을 고민하는 저에게,
스승님께서는 미소 지으며 말씀을 이어가십니다.

"일상수행의 요법에 전념하거라.
제일 값지게 시간 잘 쓴 사람이니라."

청정심체 서원

대각하신 스승님께 맑은 향香 사루며
본향으로 귀의하는 육일대재입니다.

오직 근본을 잊지 않고, 은혜에 보은하는
심통제자, 법통제자 되기를 서원합니다.

오늘도 익산성지엔
화려하지는 않지만 소담스럽게 핀 꽃들이
'하늘 꽃 장엄'을 쉬지 않습니다.

대각전大覺殿,
몸과 기운 바루고 정갈한 마음,
청정심체淸淨心體로 법신불 일원상 전에 두 손을 모읍니다.

그윽이 피어오르는 향 내음에
스승님 향한 추모의 정은 더욱 깊어집니다.

정산 종사 말씀하십니다.

"물이 근원 있는 물이라야 오래가듯이,

우리도 법의 근원이신 대종사를

오롯이 받들고 끊임없이 알뜰히 사모하는 가운데

그 심법心法이 건네고,

그 법맥法脈이 끊임없으리라."

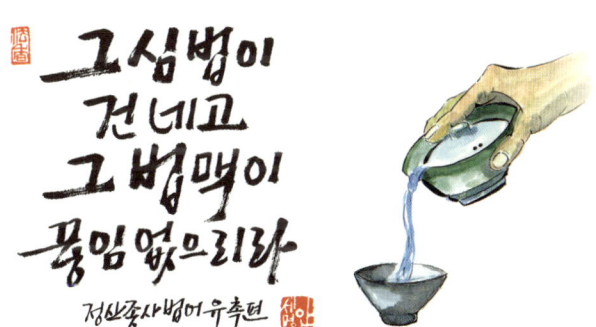

도반에게

하늘이 바다 같고
바다가 하늘처럼 푸르른 날입니다.

하늘과 바다는 언제나 한 형제, 한 기운이지요.

불법을 함께 닦는 소중한 벗.
그래서 저는 '도반道伴'이란 말이 참 좋습니다.

우리가 서로 오랜 도반임을 안다면
만나지 못할 사람이 없습니다.

당신은 나의 영원한 도반입니다.

범산 이공전 종사의 '운수雲水의 정'입니다.

"우리 일찍 영산회상靈山會上
운형수제雲兄水弟 아니던가.
오래 두고 그리던 이를 만난 듯함 무슨 일고.
말없이 마주 앉은 정이 삼천년을 더듬네."

우리 말 쯤
명산 회상
운정수계
아니라가
말 없이
마주 앉은 경이
삼천년을
더듬네

우리는 영생의 도반

햇살이 참 좋은 날.
지타원 한지성 대호법님의
열반기념제를 맞아 영모묘원을 찾았습니다.

도반과 함께 기도를 마치고
파란 하늘을 벗 삼아 잠시 묵상에 젖습니다.

문득 사람에게 가장 귀하고 감사한 일은,
단 한 사람일지라도
나를 온전히 기억하고 영생을 함께하는
스승과 도반임을 깨닫게 됩니다.

오늘도 대하는 모든 인연에게
감사의 큰절을 무수히 올립니다.

정산 종사 말씀하십니다.

"삼세의 숙연과
윤기로 얽힌 우리 동지들은

세세생생 서로 도울 동지요 도반이라,

서로서로 곧고 바르게 깨우치며

너그럽고 알뜰히 인도하여,

진실한 동심 동체의 동지가 되어야 할 것이니라."

법연法緣의 힘

심고 시간엔 언제나
고마운 분들이 한 분 한 분 떠오릅니다.
은혜로운 분들을 마음에 모시니
행복이 커지고, 영혼은 깊어집니다.

스승님께서는
"공부하는 동지라야 그 인연이 풀어지지 않고,
영겁의 도반이 된다."라고 하셨기에
오늘도 제 뒷모습을 먼저 살핍니다.

마음에 거짓은 없었는지,
넘치지는 않았는지, 은혜를 잊고 살지는 않았는지 ….
저부터 공부하는 도반이 되길 간절히 서원합니다.

정산 종사 말씀하십니다.
"우리가 영겁을 통하여 공부하는 데
가장 중요한 조건은 서원誓願과 법연法緣이니,
서원은 우리의 방향을 결정해 주고,
법연은 우리의 서원을 이끌어 주며 북돋아 주시느니라."

서원은
우리의 방향을
결정해주고

법연은
우리의 서원을
이끌어주며
북돋아 주시나니라

사람 타령

어디 가나 '사람 타령'입니다.

모두가 다 사람인데
'그 한 사람'이 절실합니다.

밖에서 찾을 바에는
내가 스스로 '그 사람'이 되겠습니다.

이시영 시인의 '어느 향기'입니다.

"잘생긴 소나무 한 그루는
매서운 겨울 내내
은은한 솔 향기를 천 리 밖까지 내쏘아 주거늘

잘 익은 이 세상의 사람 하나는
무릎 꿇고 그 향기를 하늘에 받았다가
꽃 피고 비 오는 날 뼛속까지 마음 시린 이들에게
고루고루 나눠 주고 있나니."

잘 익은 사람 하나는
뼛속까지 마음 시린
이들에게 고루고루 나눠
주고 있나니 사람 향기

그 일밖에 없습니다

숭타원 박성경 종사님 말씀에
온종일 가슴이 뜨거웠습니다.

"우리가 살아가면서 행복한 일도 많았지만
어느 때는 외롭고, 어느 때는 좌절하는 힘든 순간도 있었죠.
그때마다 마음을 멈추고 곰곰이 생각해보니
'성리性理' 자리에 마음을 묻어버리면 해결되더라고요.
육근문六根門을 닫으면 허공虛空이 되고
육근문을 열면 현실세계입니다.
명예도 필요한 때가 있었고,
간절한 바람도 있었고, 가슴 아픈 일도 있었고,
그렇게 안 했으면 하는 일도 있었고 ···.
그때마다 육근문을 닫고
허공의 마음에 묻어놓는 훈련을 했죠.
하나 자리에 묻어버리는 그 강력한 힘을 얻지 못하면
현실세계에 흔들립니다.
감사와 은혜와 자비로 몇 생을 통해서라도
피나는 적공으로 여래위如來位를 향해 공부해가야 합니다.
그 일밖에 없습니다."

하나

견성은
하나자리를 발견하고
참나를 발견하는 것

양성은
하나자리를 함축하고
참나를 함축하는 것

솔성은
하나자리를 활용하고
참나를 활용하는 것

법문 받드는 길

법문을 '법문法文'이라 하지 않고,
'법문法門'이라 표현한 것에 의심이 걸렸습니다.

이는 말과 글과 생각으로는
지혜로운 '법의 문門'에 들어설 수 없음을 알게 됩니다.

법문은 오직 텅 빈 마음, 간절한 원력,
그리고 훈련의 적공이라야 들어갈 수 있음을 깨닫습니다.

대산 종사 말씀하십니다.

"대종사님이나 정산 종사님이나 나도
법문을 이 세상에 내놓을 때는
하루아침에 내놓은 것이 아니다.
수 없는 생에 서원 세우고 진리와 스승에게 줄을 대고,
또 삼천대천 세계의 감응을 받으며 내놓은 것이다.

그러므로 법문을 받들 때에 쉽게 알아서는 안 된다.
무서운 훈련의 적공이 있어야 한다."

법문을
세상에 내놓을 때는
수없는 생에
서원을 세우고
진리와 스승에게
줄을 대고
삼천대천세계의
감응을 받으며
내놓을 것이다

대산종사법문 훈련

육신의 생사는 불보살이나 범부 중생이 다 같은 것이니, 그대들은 또한 사람만 믿지 말고 그 법을 믿으며, 각자 자신이 생사 거래에 매하지 아니하고 그에 자유할 실력을 얻기에 노력하라.

『대종경』 부촉품 14

공부인의 마중물

시골집, 오래된 녹슨 펌프
어릴 적 마중물 한 바가지에
콸콸 솟아오르는 지하수가 무척이나 신기했습니다.

능能이 나신 할머니는 물 한 바가지면 족했지만,
서툰 저는 몇 번을 부어도 땅속 물은 올라올 기미가 없었죠.

"할머니, 도대체 어떻게 하신 거예요?"

'어떻게 …'
그 '어떻게'를 알아가는 게 인생이더군요.

한 시인은, 마중물을
지하수의 숨결을 두근거리게 하는,
물의 육체를 올려내는 물의 힘줄과 같다고 비유했습니다.

우리 공부인에게 마중물은
살아있는 마음, '생기生氣'입니다.

정산 종사 말씀하십니다.

"큰 봄이 오건마는, 생기 잃은 고목은
봄이 와도 봄 같지 않을 것이다.
그러므로 생기를 타라.
서원誓願이 생기요,
신성信誠이 생기요,
무상無相이 생기니라.
생기를 타거라. 산 사람이 되거라."

그 작음에 혼魂을

『도덕경』의 '수미守微'란 단어를 참 좋아합니다.
'그 작음을 지키라'는 뜻입니다.

"한 아름이나 되는 큰 나무도
터럭 같은 작은 싹에서 시작되고[合抱之木生於毫末]
구층이나 되는 높은 건물도
한 줌 쌓아놓은 흙으로부터 시작되며[九層之臺起於累土]
천리의 먼 길이라 하더라도
발밑 한 걸음부터 시작되는 것이다[千里之行始於足下]."

이제 그 작음에 혼魂을 불어 넣겠습니다.
그 작음을 지켜내겠습니다.

대종사 말씀하십니다.

"큰 공부에 뜻하고
큰일을 착수한 사람은
먼저 마땅히 작은 일부터
공을 쌓기 시작하여야 되느니라."

형상없고
보이지도 않는
마음 적공을
합하여 이룬것

대종경수행품

허물 이야기

옛 경전을 펼쳐보다가
한 대목에 정신이 곤두섭니다.
"남의 허물은 보기 쉬워도[善觀人瑕障]
실로 자기 허물은 보기 어렵다[使己不露外]."

'그래, 내 허물 보기가 참으로 어렵구나.
경계란 거울을 통해 내 무명無明을 깊이 들여 보았던가?'

허물을 감추려고만 했지,
그 허물을 찾아 끝까지 고치는 것이
번뇌의 근본을 다스리는 일인 줄 모르고 살았습니다.

세 분 스승님께서도
그 허물을 공부 삼으라 하십니다.

대종사 말씀하십니다.
"어리석은 사람은 남의 허물만 밝히므로 제 앞이 늘 어둡고,
지혜 있는 사람은 자기의 허물을 살피므로
남의 시비를 볼 여가가 없느니라."

정산 종사 말씀하십니다.

"각자의 허물을 찾아 고치는 일이 제일 급선무이니라."

대산 종사 말씀하십니다.

"누가 허물이 없겠느냐. 불이과不二過 하면 된다."

지혜있는 사람은 자기의 허물을 살피므로 남의 시비를 볼 여가가 없나니라

대종경 인도품 31장

도라지 [道我知]

해마다 이맘때면
익산성지 한 모퉁이에 피어나는 도라지꽃.

담백한 연보라에 진보라색 혈맥의 결로
제 속을 환히 비추는 도라지꽃.

'나의 참 마음 길을 안다' 해서
'도아지 道我知'라고도 부른다죠.

"도라지 도라지 백도라지
심심산천 深深山川에 백도라지.
한두 뿌리만 캐어도 대바구니에 철철 넘친다."

세상에 수많은 가르침이 있다 해도

결국, "만법을 통하여다가 한마음을 밝히는
통만법명일심 通萬法明一心의 이치를 알아 행하라." 하신
스승님 말씀.

오늘도 경계를 대할 때마다

나의 심지心地 부처님께 귀의합니다.

내 안의 도아지 한두 뿌리를 캐어봅니다.

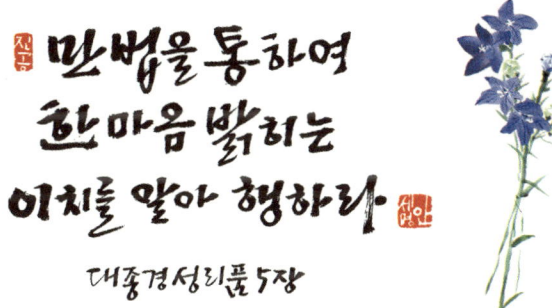

너 무엇 하러 왔냐

정산 종사 성탑에 서니,
스승님의 따스한 음성이 들립니다.

"너, 무엇 하러 왔냐?"
"네 스승님, 서원 일념으로 살고자 왔습니다."

한참 뒤 다시 물으십니다.
"너, 무엇 하러 왔냐?"
"네 스승님, 일심으로 정진하고 감사하며 보은하고자 왔습니다."

"그래, 그 마음이다.
그것이 서원이다. 그 힘으로 살거라."

정산 종사 말씀하십니다.

"큰 서원을 세우고 정진을 배가하라.
일심의 위력은 만난萬難을 능히 돌파하리라.
도기道氣를 오래 갋으면 외경에 흔들리지 않고
일심이 청정하면 만사에 평안하리라."

[진공] 공부인이
독실한
신심이 있으면
그 법이 건네고
공용 이룰것이다 [명안]

대종경 신성품 1장

법선法線으로, 한길로

"저희도 여래위에 오를 수 있나이까?"

"한마음 챙기면 된다.
여래가 중생이요, 중생이 여래인 줄만 알고,
오직 법의 줄만 타고 가면 되는 것이니
부지런히 가기만 하라.
천 번, 만 번, 억만 번이라도
쉬지만 말고 행하다 보면 결국에는 이루어진다."

대산 종사께서 출가자들의 어깨를 두드리며
격려하신 법문입니다.

오늘도
하늘 향해 한길로 오르는
초록빛 넝쿨들의 행진을 봅니다.
짧은 생生을 잊고
잠시도 쉬어갈지 모르는 그들을 바라봅니다.

"법신불 사은이시여!
저희 모두도 한결같은 초심으로
법선法線을 잇고, 법기法器가 되겠습니다."

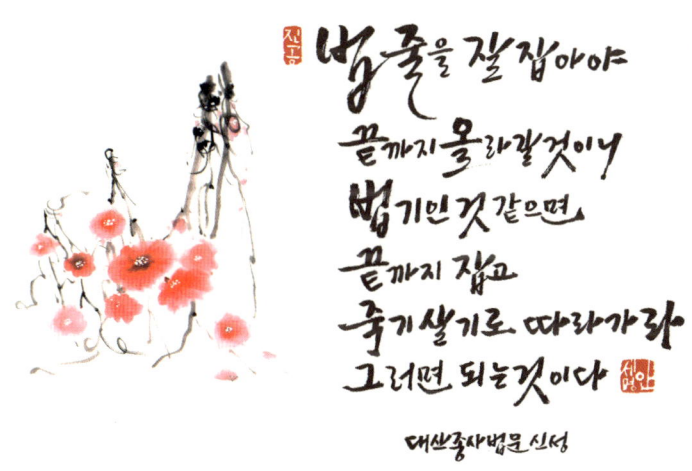

신심이 법기예요

95세 노구에도
하루도 빠짐없이 성탑 기도를 쉬지 않는
유타원 조인덕 교도님.

한 말씀 한 말씀이 귀한 영단靈丹입니다.

"우리의 참 마음은 천지가 없어져도
영원히 불생불멸한 여래 자리예요.
이 청정한 마음이 본성 자리죠.
대종사님 은혜가 참으로 한이 없고 눈물이 나요.
이 모진 업장, 사주팔자 고치는 길이 우리 법이니,
오늘도 중생으로 죽느냐, 해탈하고 죽느냐,
그게 제 화두예요.
신심이 법기예요.
경계에 흔들림 없는 서원,
무엇으로도 바꾸지 않는 마음, 그 힘으로 살아갑니다."

대종사 말씀하십니다.

"공부인이 독실한 신심이 있으면
그 법이 건네고 공을 이룰 것이니라."

몇 생을 걸어왔을까요

사람을 대하면
그 사람의 나이테가 보입니다.
얼마나 많은 고난을 이기고 서 있는 것일까요?
몇 생을 닦아 저와 같은 심법에 이른 것일까요?
한 분 한 분의 인생은
거룩한 기적이요, 경외敬畏의 대상입니다.

그래서 대종사께서는 그 누구를 만나도
"오직 청정한 마음과 경건한 태도로 대하라." 하셨습니다.

정현종 시인의 '방문객'입니다.

"사람이 온다는 건
사실은 어마어마한 일이다.
그는 그의 과거와 현재와
그리고 그의 미래와 함께 오기 때문이다.
한 사람의 일생이 오기 때문이다.
부서지기 쉬운
그래서 부서지기도 했을 마음이 오는 것이다."

어느때
어느곳이든지
항상경외심을
놓지말라

대종경 곡(?)품

공들임의 진리

한걸음 한걸음이 모여 열 걸음이 되고
열 걸음이 모여 백 걸음이 되고
백 걸음이 모여 천 걸음이 되고
천 걸음이 모여 만 걸음이 됩니다.

하루를 살면서 이렇게 명확한 진리를 확인하건만
공들이는 대로 되어지는 진리를 믿지 않고
욕심에 끌리고 업장몸 따라 게으름을 부립니다.

우리는 지금 몇 생을 닦고 있을까요?

대산 종사 말씀하십니다.

"공부하다가 사심 잡념 난다고 걱정하지 마라.
산 사람이라야 산 마음 나는 것이니 그것 걱정할 것 없다.
번뇌가 보리菩提니, 둘 아닌 줄 알고 챙겨서
그 마음 돌리고 또 돌릴 때 부처가 된다.
가다가 마음이 가라앉으면 쉬었다가 하라.
그러면 그때부터 새 사람이고 새 출발이 된다."

거센진 저 바다를
건너가는 저 사공아
쉬지말고 어서바삐
어기여차 노저어라
풍랑없는 저편덕에
넘기다리신다

대산종사 구공선상 법어서—

어떠한 고통과 역경과 난경을 당하여도 꿀꺽 삼켜야 그것이 거름이 되고 기화氣化가 된다. 교단과 세계를 위하여 심신을 내던졌으니 어떤 일을 당하여도 변명 말고 제물 祭物이 되어 버려라. 또 자기를 알리려고 말고 뒷날의 평가에도 관심 갖지 말라.

『대산종사법문집』 3집 법위 35

신성의 공부 길

"공부가 안 되면
가장 먼저 자신의 '신심信心'을 들여다봐야 합니다."

전산 종법사님 법문을 독실篤實하게 받듭니다.

'나는 진리와 스승과 법과 회상에
신심의 뿌리를 확실히 내렸는가.'
묻고 또 묻습니다.

초목草木의 종자가
땅을 만나 뿌리를 내리고 성장해 가듯,
우리 공부인은
진리와 스승과 법과 회상에 신성의 뿌리를 단단히 내리고,
안으로는 자심불自心佛에 의지해 공부합니다.

"신심은 마음에 심력心力이 쌓여감에 따라
함께 커나간다."라는 스승님의 말씀.

'곤이지지困而知之'의 돈독敦篤한 신성으로 정진할 것을 서원합니다.

속갚은
마음공부를 하려면
진리와 스승에게 면하려는
간결한 마음과 밥을
구하려는 지극한 설렘과
정성이 있어야 하느니라

대종사 병서 병위 편

되어지게 하는 길

"얻으려고만 하지 말고 얻게 해 주고
되려고만 하지 말고 되게 해 주고
가려고만 하지 말고 가게 해 주고
이루려고만 하지 말고 이루게 해 주라.
그리하면 모든 일이 자연히 이루어지느니라."

대산 종사님 법문은
풀리지 않는 화두였습니다.

나무는 종자가 좋아야 좋은 결실을 거두고
선善을 좋아하는 습관 하나가 부처를 이루듯
나만 이루려는 마음을 넘어
모두가 함께 되어지게 하는 정성 하나에
공부인의 덕성은 영글어갑니다.

스승님께서는 모든 일과 이치가
혼자가 아닌 함께 공들여야 이뤄짐을 깨닫게 하셨습니다.

얻으려고만
하지말고
얻게해주고

되려고만
하지말고
되게해주고

가려고만
하지말고
가게해주고

이루려고만
하지말고
이루게해주라

대산종사법어교훈편

법기서원 法器誓願

"아침 좌선은 잘 하고 있느냐?
조석심고는 잘 모시고 있느냐?
우리 공부 잘 하자.
법의 주인인 '법기'가 되어야 한다."

수학 시절, 스승님 말씀이
요즘 왜 이리 떠오를까요?

공부라는 것이
말과 문자, 외형에 있지 않음이요
오직 일심·알음알이·실행의 힘에 있음을 깨닫습니다.

정산 종사 말씀하십니다.

"도가에서는 아무리 무식하고
구변이 부족한 이라도
법에 신근이 있고 마음에 공부가 있으면
그를 조금도 가벼이 알지 아니하고
장래의 큰 법기로 기대하느니라."

대산 종사 말씀하십니다.

"이 염불의 인연으로 심량이 광대하여
제불조사의 심인을 닮을 만한 대법기가 되어지이다.
나무아미타불."

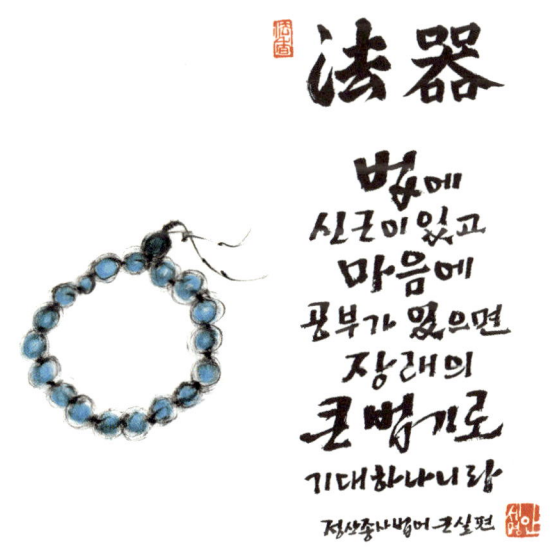

회심回心의 길목

화를 내면 내 마음이 왜 괴로울까요.

미워하면 내 마음이 왜 침울해질까요.

칭찬하면 내 마음이 왜 커질까요.

사랑하면 내 마음이 왜 깊어질까요.

마음이 마음을 낳습니다.

우리는 언제나 '회심回心의 길목'에 서 있습니다.

회심은 내 마음을 진리 전에 돌이키는 일입니다.

회심하는 당신께

사은님, 감사합니다.
감사가 깊어지니 일심이요, 서원입니다.

회심이란,
고요하고 온전한 본래 마음으로 돌아오는
행복한 여정입니다.

회심이란,
옛 생활을 버리고 새 새생활을 다짐하는
참회의 서원입니다.

오늘도 법신불 사은님께 회심합니다.
오늘도 믿음과 수행의 길을 서원합니다.
오늘도 일원상 둥근 마음에 귀의합니다.

존재에 대한 깊은 사랑

아침에 눈을 뜨면
자리에 그대로 앉아 10분이고 20분이고
정신 기운이 차오르길 기다립니다.

새 아침을 새 마음으로 맞이할 때,
우리의 영혼엔 비로소 행복이 찾아옵니다.

가장 본연에 가까운,
지순至純한 마음이 서원誓願이더군요.

서원은
어떠한 궁극적 목적을 규정해 놓고
그곳을 향해 맹목적으로 달려가는 결연한 의지가 아니더군요.

존재에 대한 깊은 사랑,
평온의 힘을 찾아가는 근원적인 우러남.
그 마음이 서원입니다.

하늘 마음

하늘은 가식과
조작이 없는
천진이니
오직 진실된
마음으로 살자

마음도장

오늘도
우주만유의 본원,
일원상 진리부처님께
마음도장, 심인心印을 찍습니다.

오늘도
제불제성의 심인,
대각하신 스승님께
마음도장, 심인을 찍습니다.

오늘도
일체중생의 본성,
서원일념, 청정일념에
마음도장, 심인을 찍습니다.

이것이 법계法界의 참 혈인血印입니다.

〈변산 제법성지 인장바위〉

신성 信誠

회상의 법모法母이신 정산 종사님.

그 위중한 병환 중에서도
병석에서 일어나시자마자
지체 없이 대종사 성탑을 찾으셨죠.

환하게 웃으며 자비와 화열에 넘치는
정산 여래의 법신은
오직 사무친 신성이셨습니다.

"물이 근원 있는 물이라야 오래 가듯이
우리도 법의 근원이신 대종사를 오롯이 받들고
끊임없이 알뜰히 사모하는 가운데
그 심법이 건네고 그 법맥이 끊임없으리라."

우리 공부인의 생명은 신성입니다.

원기38년(1943) 6월 12일, 정산 종사 제1대 기념총회를 마치고 환우 중이심에도 소태산 대종사 성탑을 참배하시고 손수 지으신 대종사 비명을 살피시며 화열이 가득하신 성안으로 기념 촬영에 응하셨다.

여시아문 如是我聞

"이와 같이 나는 들었도다[evam maya srutam]."
『금강경』 첫 구절인 '여시아문如是我聞.'

수보리는 그렇게 온전히 깨어있었기에
부처님의 참 말씀을 들을 수 있었습니다.

오늘도 우리 공부인은
수보리가 되어봅니다.

어떠한 경계에도
무너지지 않고[自性不壞]
어둡지 않으며[自性不昧]
물들지 않는[自性不染]
내 마음 부처라야
산 경전을 보고 들을 수 있기 때문입니다.

어떤 경계에도
무너지지않고
어둡지않으며
물들지않는
마음부처

법인절 단상

익산성지엔 푸른 땡감들이
주렁주렁 열렸습니다.
큰 고비 몇 번 넘기면
잘 익은 홍시가 될 터.

그들은 오랫동안 준비하고 있었습니다.

공들이고 공들여
아름다운 결실을 보고도
나중엔 남음 없이
모든 생령에게 바치는
무아적無我的 삶을 ….

법인절인 오늘,
저도 나無가 되겠습니다.

우리 모두 스승이 되자

스승님의 열반.
그 공허한 자리를 평소 유훈으로 채웁니다.

"스승이란
내 안의 어둠을 밀어내는 사람이다.
내 안의 어둠은 무명無明이라 하며
우리의 중생심에 가려 어두워진 마음이다.
이 어둠을 밀어내는 방법은
오직 삼학 수행, 사은 보은이며
깊은 참회와 성찰을 통해 그 힘을 기를 수 있다.
우리 모두 그 힘 갖춘 스승이 되길 서원하자.
지극한 정진으로 대종사님의 법통제자 되길 약속하자."

오늘도 스승님의 심법 위에 대종사님을 다시 모십니다.

感謝

세상에서
제일 잘 사는 길은
은혜를 발견하여
감사 생활을 하는 것이요,

세상에서
제일 잘못 사는 길은
해독을 발견하여
원망 생활을 하는 것이니라.

『대산종사법어』 교리편 40장

하루에 한 번이라도

하루에 한 번이라도
도움이 절실한 이에게 힘이 될 수 있다면
그에 족합니다.

하루에 한 번이라도
도반의 말에 온전히 귀 기울일 수 있다면
그에 족합니다.

하루에 한 번이라도
본성本性의 지극한 맛道味을 누렸다면
그에 족합니다.

하루에 한 번이라도
세상의 평화를 위해 기도 올릴 수 있다면
그에 족합니다.

하루에 한 번,
그렇게 만년萬年입니다.

내 안에 이미

내 안에 고요가 있습니다.
내 안에 평화가 있습니다.
내 안에 사랑이 있습니다.
내 안에 용기가 있습니다.
내 안에 깨달음이 있습니다.

내 안에 이미
복과 지혜가 있습니다.

우리는 그렇게
원만圓滿하고 구족具足합니다.

복福 있는 사람

감사합니다.
감사합니다.
감사합니다.

마음속 깊은 곳에서 우러나오는 이 한마디에
업장이 녹고 번뇌가 사라집니다.

참회와 용서는
언제나 감사에서 새롭게 출발합니다.
그래서 감사의 다른 말은 '새 마음'입니다.

대산 종사 말씀하십니다.

"복이 있는 사람은
원수라도 은혜로 돌려 즐거운 생활을 하는 사람이요,
복이 없는 사람은
은인이라도 원수로 돌려 괴로운 생활을 하는 사람이니 ….
그러므로 저 사람이
나를 괴롭히고 해치려 할 때 원수로 보지 말고,

'저 사람이 나에게 공부할 기회를 주고
길을 열어 주는 사람이구나.' 하고
은혜로 알아서 감사생활을 해야 하느니라."

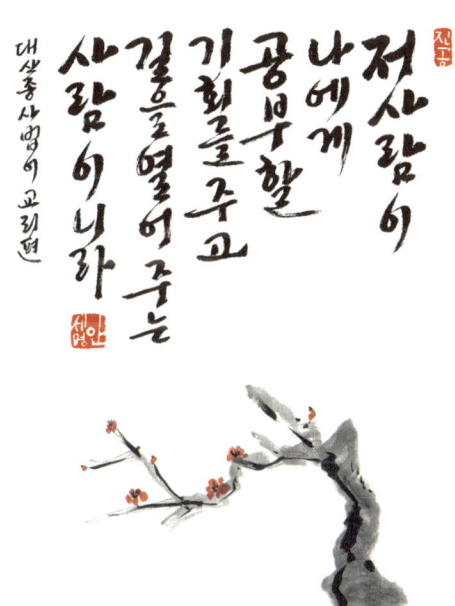

다행多幸입니다

고통스럽고 감내하기 힘든 일들이
하나둘 매듭이 풀리고 마음이 온전해질 때,
가슴에서부터 나오는 소리가 있습니다.

"다행입니다. 이만하길 참 다행입니다.
사은님 감사합니다.
참으로 감사합니다.
이제 죄업을 그치겠습니다."

지금, 이 순간
'행복한 일이 가득하다'는
'다행多幸'이란 마음씨 하나에
우리는 더 지혜로워지고
더 행복한 수행을 시작합니다.

정산 종사 말씀하십니다.

"삼난三難을 돌파하고
이 몸을 받은 것이 무엇보다 다행하고

삼세 있는 줄 아는 것이 무엇보다 다행하고
삼학수행 하는 것이 무엇보다 다행하느니라."

공부인의 심법엔, 언제나 다행이 있습니다.

제일 좋을 때

'할 일이 너무 많다'고 온종일 투덜대고,
'해봐야 아무 소용 없다'며
사람과 일에 대해 인연을 끊는 말을 서슴지 않는
나 자신을 발견하고, 크게 놀랐습니다.

사람이란
마음이 언짢고, 뜻대로 되지 않고
노력한 만큼 성취가 오지 않을 때,
진리와 인과를 의심하며
'다 소용없다, 다 필요 없다'는 말이 터져 나오기 마련입니다.
오늘도 스승님의 법문에 마음의 등불을 다시 밝힙니다.

대산 종사 말씀하십니다.

"일이 있을 때가
복이 있고 제일 좋은 때이니,
아무리 궂은 일이라도 싫어하지 말고
기쁘고 반가운 마음으로 하여야 한다.
그리하면 복록福祿이 쌓이니라."

일 맞을 때가 복이 있고
제일 좋은 때를 때이니
아무리 궂은 일이라도
싫어하지 말고
기쁘게 반가운
마음으로 하여야 한다
그리하면 복록이 쌓인다

대산종사법훈

마음에 탐진치가 사라지고 청정하고 밝고 자비로운 마음으로 지내는 날이 길일이요, 마음에 독소를 지니고 남에게 폐를 끼치고 손해를 입히는 날이 흉일이다.

『한울안한이치에』 법문과 일화 마음공부 22

용서의 심법

"그 사람을 미워하지 말고,
먼저 용서심으로 대하라."

얼마 전, 저의 큰 실수를
흔쾌하게 용서해 주시는 분을 만나
마음에 깊은 평온을 얻었습니다.
상대를 용서한다는 것이
얼마나 큰 사랑인지 예전엔 몰랐습니다.
그래서 스승님께선
용서가 가장 큰 불공이라 하셨습니다.

정산 종사 말씀하십니다.

"동지들 간에
혹 사업에 실패나 언행에 실수를 하였다 하더라도,
증오심이나 원망심으로 대하지 말고
그 일을 직접 내가 당한 것으로 알고 같이 걱정하며,
그 일의 해결을 위하여 힘쓰는
시야 넓고 국이 큰 사람이 돼라."

서로 친해지려고

한때 중앙중도훈련원에서 키우던 개와 고양이가
매일같이 으르렁거리며 다투니, 그 모습을 본 직원이
"너희들은 왜 그렇게 만나면 싸우기를 쉬지 않느냐."라고 꾸짖었습니다.

마침 그 길을 지나가시던
법타원 김이현 종사께서 말씀하십니다.

"걔네들이 서로 친해지려고 그런다."

음양상승의 이치가 그러하기에
이제부터는 '그 친해진 마음'을 미리 끌어옵니다.

대산 종사 말씀하십니다.

"동지들에게 늘 감사하라.
어떠한 경우에도 생사고락을 같이하는 동지들을
미워하지 말고, 놓아 버리지 말고,
보살펴 주고, 깨우쳐 주고, 이끌어 주는
마음의 스승, 마음의 벗이 돼라."

공부인의 저력

평소 저에게 은혜 베풀어 주신 분에게도
내 마음에 섭섭하거나 서운한 일이 조금이라도 생기면
그 전의 고마움은 어디론가 사라지고 원망을 하고 있습니다.

그 마음을 잠시 내려놓고, 참회의 기도를 올립니다.

전일의 은혜를 잊지 않고
오직 감사하며 보은報恩하는 힘이야말로
우리 신앙인의 참다운 저력입니다.

대산 종사 말씀하십니다.

"소인小人은
남이 잘하여 주는 것은 다 잊어버리고
잘못한 것만 남겨 두었다가 원수를 만들어 배은망덕을 하고,
대인大人은
남이 잘못한 것은 다 잊어버리고
잘한 것만 남겨뒀다가 은인恩人을 만들어서 보은하는 것이다."

[진공] 대인은
남이 잘못한 것은
다 잊어버리고
잘한 것만
남겨두었다가
은인을 만들어
보은하는 것이다

대산종사법문집 3집 법훈편

좋은 인연

살다 보면
더없이 좋았던 사이도
더없이 은혜로웠던 관계도
낮은 인연으로 변화되기 십상입니다.

이러한 이치를 알기에
먼저, 그분의 처지와 심경을 깊이 헤아려 봅니다.
자신의 몸과 입과 마음 사용을 더욱 조심합니다.
내 안에서 끊임없이 올라오는 오해와 불편함을
온전한 자애심으로 다스립니다.

대종사 말씀하십니다.

"남의 원 없는 일을 과도히 권하지 말라.
내가 스스로 높은 체하여 남을 이기려고만 하지 말라.
남의 시비를 알아서
나의 시비는 깨칠지언정 그 허물을 말하지 말라.
스승의 사랑을 자기만 받으려 하지 말라.
친해 갈수록 더욱 공경하여 모든 일에 예를 잃지 말라.

그리하면

낮은 인연이 생기지 아니하고

길이 이 즐거움이 변하지 아니하리라."

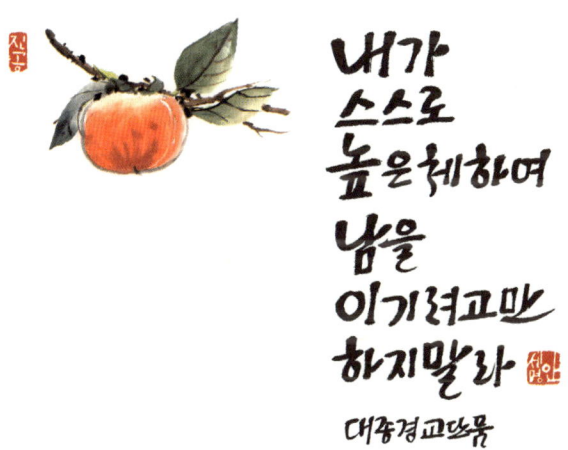

법회만 잘 다녀도

법회에 빠지지 않고
설법 듣기를 좋아하는 교도님이 계셨습니다.

그러나 이분은
과거에 자신에게 크게 잘못한 사람이 어찌나 밉던지
한번 만나면 혼을 내주리라 작정하고 있었습니다.
그러던 어느 날 그 사람과 우연히 마주치게 됐습니다.
갑자기 만나게 되니 어찌할 줄 모르다가
자신도 모르게 그 사람을 껴안고
"자네, 그동안 얼마나 마음고생 했는가." 하며 위로하였습니다.

'어떻게 내게 이런 마음이 나왔을까?'
그 이유를 곰곰이 생각해보니,
법회에 참석하여 법문을 자주 들었기에
그런 용서심이 나왔음을 깨닫게 됐습니다.

좌산 상사 말씀하십니다.

"그때 숙겁에 뭉친 빚 갚았다. 윤회가 쉬어진 것이다.

대종사님께서 콩나물시루에 물을 주면,

빠지고 또 빠져 버려도 자고 나면 자라고 또 자란다 하셨다.

우리가 법회만 참석해도 영성이 커나간다.

그렇게 놀라운 심법이 나오는 법이다."

이 마음 메마를 때
물을 대주고
답답할 때 괴로울 때
힘을 얻는 곳
법문을 열어놓고
기다리시니
법회에 나가리라
입선하리라

교당의 노래

감사하고 기쁘게 생각하여 항상 무심공부를 표준해서 적공하였다. 그랬더니 처음에는 꿈에서도 막히던 동지가 나중에는 꿈에서도 기운이 확 트이고 평심平心이 되었다. 그때 이 공부가 영겁에 인과업보因果業報를 다 풀어 버리는 마음공부 길이구나 하고 깨쳤다.

『대산종사법문집』 3집 수행 37

피은자 被恩者

한없이 기울어
금방이라도 쓰러질 것 같은 소나무가
그 생명을 영위할 수 있는 까닭은,
언제나 그 곁에 우직히 서 있는
이웃 나무의 몸통과 단단히 연결된 '줄' 때문이었습니다.

세상일이 결코 제힘만으로
살아가는 것이 아님을 깨닫습니다.
우리에겐 감사할 일이, 갚아야 할 은혜가 너무나 많습니다.
그래서 대종사님께서는 심고와 기도를 올릴 때
자신을 스스로 '피은자被恩者'라 부르게 하셨습니다.

대산 종사 말씀하십니다.

"사은에 피은된 도를 체 받아서 보은하면,
곧 불성佛聖이 되고 천지가 되느니라.
피은됨을 참으로 느끼고
확실히 알아야 보은행이 나오고,
사은과 윤기가 통하는 동시에 합덕合德이 되느니라."

은혜입음을
참으로 느끼고
확실히 알아야
보은행이 나오고
사은과 윤기가 통해
合德이 되나니라

정전대의 사대강령

복주머니

"우린 참 복福이 많구나.
끝까지 감사 생활하는 사람이
견성한 사람이다."

법타원 김이현 종사는
늘 그렇게 지혜와 힘을 주셨습니다.

'나는 참 복이 많은 사람이구나.'

지금도 견뎌내기 힘든 경계를 대할 때면
이 '복주머니'를 귀하게 꺼내 보곤 합니다.

대산 종사 말씀하십니다.

"복을 떠나지 않은 지혜가 바른 지혜요,
지혜를 떠나지 않은 복이 진정한 복이니라."

지금 물을 주고 있나요

화가 일어날 때,
마음 다스리기가 참 어렵습니다.

화란 감정에 사로잡혀 있을 때
내 마음 밭[心田]에 '분노'라는 씨앗을 심고,
'원망'이란 나무가 무럭무럭 자라도록
물을 주고 있음을 알아차립니다.

더 이상 물을 주지 않겠습니다.

이제부터는 나의 마음 밭에
'감사'의 씨앗을 심고
'보은'의 나무에
부지런히 물을 주겠습니다.

은혜를 심자

교화가 어렵다는 교무에게
좌산 상사 말씀하십니다.

"그래 참 많이 힘들지.
그러나 어렵다고만 생각하지 말고,
어느 곳에 처하든,
어떤 사람을 만나든 은혜를 심자.
말과 행동, 법문으로
은혜 심는 역량이 터져야 한다.
은혜가 미치면 무쇠도 녹는 법이다."

사람이 사람을 감동시키는 일은
오직 보은하는 길입니다.

진리 큰 은혜를
발견하여
보은하는
사람일수록
대인이다

대산종사법문집 3집 교법편

기도

祈禱

그대들이여,
조석 심고를 올릴 때
우주의 진리와 자신이 부합되어
크게 위력을 얻을 수 있다는
확고한 신념이 서 있는가.
얼른 생각에는
마음으로 잠깐 고하는 것이
무슨 위력이 있을까 싶지마는
우리가 마음으로 생각하는 것이
다 허공 법계에 스며 드느니라.

『정산종사법어』 원리편 31장

고백의 기도

"피은자被恩者 ○○○는
법신불 사은전에 고백하옵나이다."

오늘도 둥그신 일원상
진리 부처님 전에 고백합니다.
첫눈처럼 하얘진 마음으로
숨김없이 다 말할 수 있어 더없이 행복합니다.

고백은 그렇게
허물 속에서도 영혼을 키우고
어둠 속에서도 마음을 빛나게 하기에
오직 고백만이 '기도하는 법'임을 깨닫습니다.

대산 종사 말씀하십니다.

"비록 큰 잘못이라도
부모·동지·스승·진리 전에 낱 없이 고백하면
그 잘못이 가벼워져서 마음에 힘을 얻고
그 마음이 자유로워지느니라."

친구 부모동지
스승 진리전에
낱없이 고백하면
그 잘못이 가벼워져
마음에 힘을 얻고
그 마음이
자유로워 지느니라

심공心功

삶을 기도로 공들입니다.

기도는
전날의 습관을 녹이고
공부와 수행을 깊게 하는
일심의 서원이요,
심공心功입니다.

정산 종사 말씀하십니다.

"조석으로 사심 없이 기도를 드리면
자기 마음이 대자 대비한 부처님 심경을 이루어
자기에게 먼저 이익이 돌아오고
그 소원이 마침내 달성되어
대중에게 그 이익이 돌아가느니라."

열명백번천번만번
꾸준히 심고생활을 한면
사은의 기운이 전부
나에게 돌아와
어디를 가더라도
사은의 도움을 받고
옹호를 받는다

대산종사 심고올리는법

성불하기만 기도한다

"너의 편지 받아보고 어찌 좋은지
한참 말도 아니하고 좋았다.
이제는 그와 같이만 하면 네 일은 다시없이 잘 될 것이며
소원성취할 것이니 명심불망하여라. (중략)
아무쪼록 참 잘하여라.
너희들 성불하기만 기도한다.
원기21년 5월 20일 부서父書."

소태산 대종사님께서 훈타원 양도신 종사에게
친필로 쓰신 편지글을 몇 번이고 읽어봅니다.

"나는 너희들 성불하기만 기도한다."

대종사님의 자비하신 성음이,
간절하신 원력이, 가슴에 사무칩니다.
영부靈父이신 대종사님의 기도로 오늘의 우리가 있습니다.

대종사 말씀하십니다.

"법을 오롯이 받고 못 받는 것은
그대들 각자의 공부에 있나니,
각기 정진하여 후일에 유감이 없게 하라."

念信 이 바라보다

너떡저 바라보고 엇저조흔지 한참밀도아니하고 조왓다 이제는 그만갓치 하면 내일은 다시 업시 갈 될거시매 소원성취할거시니 명심 불망하여라 너도 갈 안는 바다 갓치 나는 분망한 사람이니 할 이리 업시면 편지 밧고 할 일 ㄴ 잇시면 하여라 이곳선 다 무고하고 나도 연고 업시 걸산다 사무 조 ㄹ 잘하 ᄡᅦ라
너의 별성 불하기만 기도 한다

二月十二日
宋香

나를 위한 기도

'이번 생, 나의 오랜 숙업宿業은 얼마나 풀어냈을까?
오늘도 주위 인연들이 나로 인해 피해는 보지 않았는지 ….'

법신불 전 묵상이 깊어집니다.

늘 내 중심으로 살고, 욕심에 허덕이면서도
삶이 이토록 공허해지는 까닭은
진리께서 주신 인생의 가치를
깨닫지 못한 어리석음임을 온전히 자각합니다.

정산 종사 말씀하십니다.

"어떠한 소원을 위하여
축원하는 기도를 드리는 것도 좋으나,
자기의 수행을 위하여
서원하는 기도를 정성스럽게 드리면
부지중 전날의 습관이 녹고
공부가 점차 향상되어 만사를 뜻대로 성공할 수 있느니라.
자신에게 값이 있는 부처를 발견하여 정성 들여 불공하라."

자기에게 있는 부처를 발견하여 감사 정성들여 불공하라.

자기의 수행을 위하여 서원하는 가 도를 성성스럽게 기도들이다면 부지 중 전날의 숲리이 늘아지고 공부가 점차 향상되어 만자을 뜻대로 성행할수 있나이라

이루어질 때까지

"사은님! 저에게 힘을 주옵소서.

자기 생각과 지혜로 풀 수 없는 것은 기도로 풀어야 해요.
기도를 하면 마음이 깨끗해지거든요.
이루어질 때까지 공을 들여야 해요.
그래서 나도, 내 힘이 너무나 부족해서
이렇게 법신불께 힘 달라고 매달립니다."

향타원 박은국 종사님의 간절하신 서원이
기도하는 제 손끝에 어립니다.

그렇게 스승님께서는 이루어질 때까지
공부가 될 때까지 공을 들이셨습니다.

정산 종사 말씀하십니다.

"사람이 좋은 습관을 가졌고
좋은 인연을 만났고 또 좋은 법설을 들었다 하더라도
각자의 적공이 들지 않고는 훌륭한 인격을 이룰 수 없느니라.

그러므로 범부가 변하여 부처가 될 때까지
각자 각자가 하나하나 실지의 공을 쌓아야만
성불 제중하는 큰 인격을 이루게 되느니라."

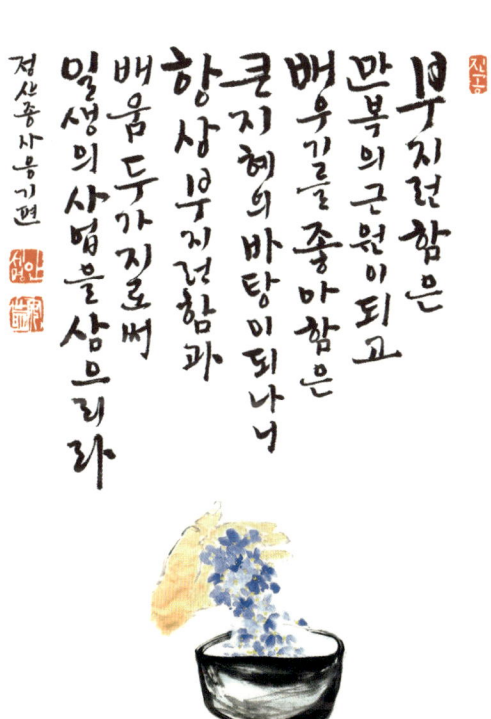

부지런함은
만복의 근원이 되고
배우기를 좋아함은
큰 지혜의 바탕이 되나니
항상 부지런함과
배움 두가지로써
일생의 사업을 삼으리라

정산종사 농기편

실수에 대한 기도

살다 보면 본의 아닌 실수와 업력으로
자신의 말과 행동을 그르칠 때가 있습니다.

이로 인해 깊이 신뢰했던 사이에 오해와 간격이 생기고,
그 틈 사이로 갈등이 일어날 때
우리는 얼마나 괴롭고 힘이 드나요?

그러나 이러한 잘못도 스승님께서는
"너그럽게 이해하자, 용서심으로 대하라."고 말씀하십니다.

대산 종사, 실수에 대해 기도해 주십니다.

"누구나 일시적인 실수는 있는 것이다.
어두워서 그랬든 업장으로 인해 그랬든 실수는 있는 것이니,
그것으로 그 사람 전부를 평가하고 버리면 안 된다.
그 사람이 그 전에 대의를 지켰고
잘했던 일이 많이 있을 것이니,
그 일들을 구석구석, 하나하나 찾아서 살려 주고
영생에 더욱 큰 일을 하도록

그 길을 찾아 주고 열어 주어야 하겠다."

참다운 동지는, 마음에 상대심과 승부심이 없이
다 같이 성공하기를 기도할 뿐입니다.

숙업 풀어내기

생각하기도 싫은
오래전 부끄러운 일들이 문득문득 떠오릅니다.

'넌 도대체 어디에 숨어있다 나타나는 거니?'

공부가 성숙하려면
숙제로 남아있던 지난날의 숙업宿業들이
반드시 풀어져야 하나 봅니다.

참회와 성찰이 깊어가는 요즘입니다.

범산 이공전 종사님의 '참회의 노래'입니다.

"내가 지은 모든 죄업 생각하오니
탐심 진심 어리석음 근본이 되어
몸과 입과 마음으로 지었던 바라
내 이제 모두 깊이깊이 참회합니다.

죄업이 자성에는 본래 없으나

마음 따라 모든 죄가 일어났나니
그 마음 멸도 되면 죄도 공한 것
모두 공한 그 자리에 그치오리다."

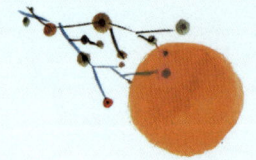

눈이 제 눈을 보지 못하고 거울이 제 자체를 비추지 못하듯이 중생은 아상에 가려 제 허물을 보지 못하고 남의 시비만 보나, 공부인은 자타를 초월하여 자기를 살피므로 자타의 시비를 바르게 아느니라.

『정산종사법어』 법훈편 21장

침묵의 성사聖事

세월이 참 쏜살같습니다.
알고 보니, 제 활시위에서
제가 쏜 화살의 이름이
바로 '쏜살'이었습니다.

지난 한 해를 묵묵히 성찰하며,
나의 심신작용心身作用을 따라 육도六途로 변화되는
무량세계를 바라봅니다.

올해에는 타인을 원망하고 환경을 탓하기에 앞서
진리 부처님을 향한 심고心告 시간을 더 가지려 합니다.

진심은 늘 통하고,
오직 정성이라야 감응하시니
진실된 마음으로 법신불께 회향하는
공부인의 심고는
언제나 고백이요, 침묵의 성사聖事입니다.

정산 종사 말씀하십니다.

"순일한 마음으로
정성스럽게 심고를 올리면
법신불의 감화를 받아
모든 사마를 물리치고
천지와 더불어 그 덕을 합하는
경지에까지 이르는 것이니라."

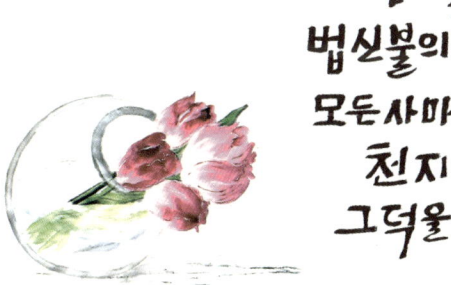

법신불 마음

오늘도 은혜 주신 분들의
마음의 평화와 행복을 기도합니다.

수없이 떠오르는 고마운 분들.
나 하나의 존재를 위해
이토록 많은 분들의 공력이 깔려 있었습니다.

기도는 그렇게
좁아진 마음을 키워줍니다.
어린 마음을 철들게 합니다.
냉랭한 마음을 자애慈愛로 만듭니다.
거만해진 나를 하심下心으로 치유합니다.

기도는
법신불 마음이기 때문입니다.

대산 종사 말씀하십니다.

"심고 시간에는

은혜로운 분들을 만날 때이니 좋은 때이다.
그러니 정성스럽게 십 년만 올려 보아라.
교당 일도 집안 일도 다 잘될 것이다."

새벽 기도문

거룩하신 법신불 사은이시여!

너무나 큰 것만을 바라기에,
주위에 펼쳐진 수많은 행복과
산소 같은 고마움을 잊고 살지는 않았는지
고요히 성찰하는 하루입니다.

법신불 사은이시여!

우리 공부인의 삶이
풍부하게 소유하는 것이 아닌,
온전하게 존재하는데 있음을 알게 하소서.
채우려고만 하지 말고 텅 비워 자유롭게 하소서.

매 순간 청정한 자성自性의 대지에 귀의케 하시고,
지혜와 사랑이 강물처럼 흘러가게 하옵소서.

법신불 사은이시여!

"세상에서 제일 잘 사는 길은
은혜를 발견하여 감사 생활하는 것이요,
복 있는 사람은 원수라도 은혜로 돌려 즐거운 생활을 하는 사람이다."
라고 말씀하신 대산 종사님의 법문에 귀의합니다.

오늘도 이 마음으로 불공하고,
이 마음으로 보은하게 하옵소서.
저희 모두의 마음을 모아 일심으로 비옵나이다.

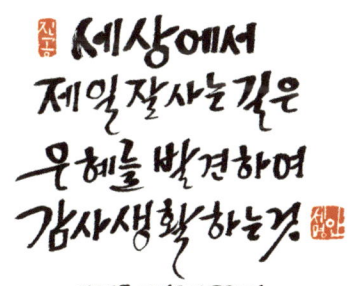

수행자가 클 때는

법신불 사은이시여!

새봄.
꽃이 진 그 자리에 더 푸른 잎이 돋아나는
자연의 경이로움을 목도합니다.
나무는 꽃잎을 피우고 흔적 없이 잎을 떨굴 때
자신의 키만큼, 자신의 뿌리만큼 뻗어 나갑니다.

법신불 사은이시여!

"수행자가 클 때는
음양의 시험으로 키워지고 자란다."는
대산 종사님의 말씀처럼,
신앙과 수행으로 정진하는 저희의 소중한 삶을
바로 이 자리, 정진精進으로 물들입니다.

법신불 사은이시여!

오늘도
피고 지는 인생의 순역경계를
담박한 심경으로 준비하고, 맞이합니다.

오늘도
화려한 빛깔과 향기만을 좇지 않고,
오래오래 맑히고 뭉쳐 온 일심과 서원,
일원상의 둥근 힘으로 충만하게 하옵소서.

우리 모두의 마음을 모아 일심으로 비옵나이다.

난타의 등불처럼

스승의 날을 맞아
정성으로 만든 양초를 스승님께 올렸습니다.
어릴 적 읽었던 부처님 생애의 한 장면이 떠오릅니다.

부처님 당시
많은 이들이 각자의 처지대로 등불을 공양했습니다.
그중 난타라는 여인은 너무나 가난했지만,
온종일 일한 품삯으로
겨우 등불 하나를 부처님께 올릴 수 있었습니다.
그런데 오직 그녀의 등불만이
홀로 꺼지지 않고, 새벽까지 타올랐습니다.

부처님 말씀하십니다.

"비록 사해四海의 바닷물을 길어다가 붓고
크나큰 태풍이 불어온다 하여도 그 불을 끌 수 없다.
그 등불을 보시한 저 여인은
진실된 원력願力과 지극한 성심誠心을 바쳤기 때문이다."

법신불 사은이시여!

'난타의 등불'이 저의 등불 되기를 염원합니다.

어떠한 경계에도 꺼지지 않고 환하게 타오르는

법法의 등불 밝히기를 서원합니다.

자등명自燈明이요, 법등명法燈明입니다.

감사의 기도

법신불 사은이시여!

사람이 얼마나 행복한가는
그 사람의 감사 깊이에 달려있음을
깨닫는 오늘입니다.

키 큰 나무숲을 지나면 어느새 정신의 키가 커져 있고
깊은 강물을 건너면 자신의 영혼이 깊어 있듯
하나의 일, 하나의 경계마다
층층이 쌓여가는 감사의 기도는
우리들 마음에 진리의 눈을 주시고
다시 그 눈으로 은혜를 깨닫게 하십니다.

법신불 사은이시여!

대산 종사께서 말씀하십니다.
"진리가 우리에게 두 개의 눈을 주신 이유가 있다.
그 하나는 조용히 안으로 자기의 마음을 보라는 뜻이고
또 하나는 밖으로 은恩을 발견하라는 뜻이니라."

사은이시여!

오늘도 안으로 참 마음을 살피겠습니다.

오늘도 밖으로 한없는 은혜를 깨달아 보은의 길 쉬지 않겠습니다.

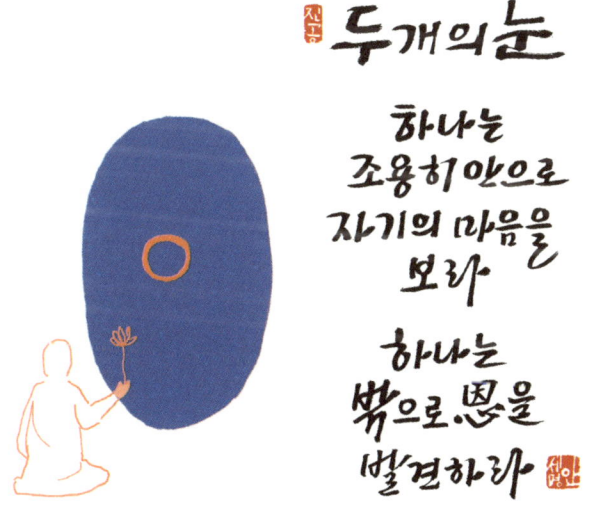

마음부처 탑돌이

매일 아침
성탑을 순례합니다.

기도하는 이 시간이
가장 은혜로운 치유의 공간입니다.

오늘도 제 마음 부처가 육신 부처에게 말합니다.

"내가 지은 모든 죄업을 참회합니다.
탐심, 진심, 어리석음이 근본이었습니다.
모두 공空한 그 자리에 그치겠습니다.
마음 부처로 경계 부처를 맞이하겠습니다."

마음 부처 탑돌이
우리 공부인의 심불心佛 서원입니다.

대종사 말씀하십니다.

"우리의 육신이

돌로 만든 탑만 돌지 말거라.
지수화풍으로 모인 이 육신의 탑을
자기의 마음이 항상 돌아서 살펴야
극락極樂을 수용할 수 있느니라."

지극히도
은혜는 입을진정
강급이되고
혹은 입십아니한길로써
일원의 의렴을
먼도록까지 서원하고
일원의 혜성에
합하도록까지 서원함

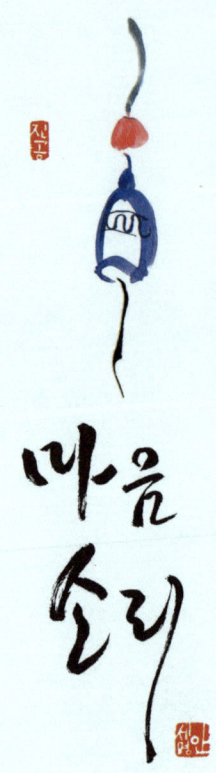

마음
소리

역경보살逆境菩薩로 일체 마음을 거슬러서 부지중不知中 그 도력을 증장增長시켜 주고, 또 하나는 순경보살順境菩薩로 일체 마음을 달게 해서 부지중 그 도력을 증장시켜 주는 것이니, 이 두 보살이 성불제중을 시키는 큰 권력을 가진 것이다.

『대산종사법문집』 제3집 법훈 69

내 절 부처에게

두 손을 합하고,
두 무릎과 두 발을 가지런히 모을 때
비로소 한 몸이 됩니다.

합장合掌은
사람이 가질 수 있는 가장 경건하고 거룩한 행위입니다.

지금 대하는 모든 존재를
진심으로 공경하기 때문입니다.

깊이 고개 숙이며 합장 경배 올리는 그때
심연에서 스승님 말씀이 들립니다.

"그 마음으로
자신 부처를 먼저 사랑하거라.
자신 부처를 위해 기도하거라."

정산 종사 말씀하십니다.

"내 절 부처를 내가 잘 위하여야
남이 위한다는 말이 있나니,
자신에게 갊아 있는 부처를 발견하여 정성 들여 불공하라.
자기 불공이 근본이 되나니,
각자의 마음공부를 먼저 하는 것은
곧 불공하는 공식을 배우는 것이니라."

바람의 언어

바람이 시작되는 성탑 오솔길.

우리 공부인은 이곳 숨골에서
'바람의 언어'를 배웁니다.

시인 윤동주는 말합니다.

"어제도 가고 오늘도 갈
나의 길은 언제나 새로운 길 …
오늘도, 내일도."

마음의 상념을 바람결에 흘려보내니
지금 걷고 있는 이 길이
제겐 언제나 새로운 길이었습니다.

하늘 하늘 수없이 흔들리는
들풀 소리 적요寂寥해질 때
깊이 찾아오는 고요가 제게 말합니다.

흔들려봐야 세울 수 있다고
마음의 창을 열어야
너도, 나도 숨 쉴 수 있다고 …."

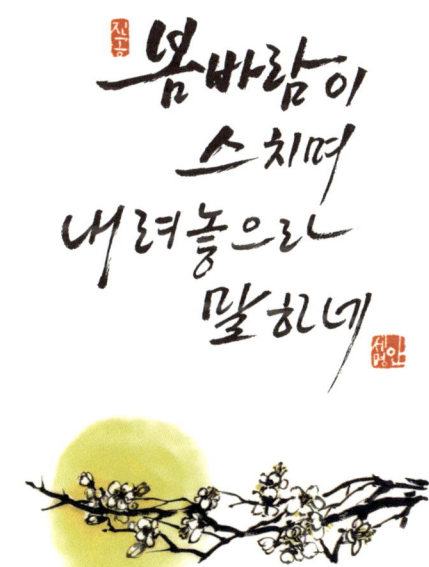

서원의 기도

간절한 소망으로 공들여 왔던 일들도
뜻대로 되지 않을 때가 많습니다.

깊은 좌절과 원망이 찾아옵니다.
욕심의 기도였습니다.

서원의 기도는
비록 그 일이 이루어지지 않아도
부족한 지혜를 발견하게 하시고
'희망'이란 새살을 다시 차오르게 합니다.

우리 공부인은
오늘도 이 작은 욕심을 큰 서원으로 돌려냅니다.

정산 종사 말씀하십니다.

"기도를 올릴 때에는
사욕私慾을 품지 말아야 할 것이니

우주의 기운은 지공무사하므로
사욕이 들어 있으면 감응할 수 없으니
오직 공변된 마음으로 해야 할 것이다.

또한 기도는 위력을 얻는 것이다.
철저한 신념으로 오래오래 계속하여 정성을 들이면
자연히 법신불의 위력을 얻게 되어
시일의 장단은 있을지언정,
원하는 바를 모두 이루게 될 것이다."

일원상 한마음

법신불 사은이시여!
겨울 하늘에 내리는
수많은 눈의 수를 헤아릴 수 없듯이
마음 하늘에 내리는
상념想念의 수도 끝이 없습니다.

이 많은 심상心象들은
어디에서 왔으며, 어디로 흘러가나요?
묵묵히 멈추니, 바라봄이 익숙해집니다.

법신불 사은이시여!
마음의 생멸生滅이란
이 마음에서 나왔고, 이 마음으로 돌아가니
오직 이 마음을 다스릴 뿐입니다.

"만법귀일萬法歸一하니, 일귀하처一歸何處오."

오늘도 기어이
일원상 한마음으로 영글어 갑니다.

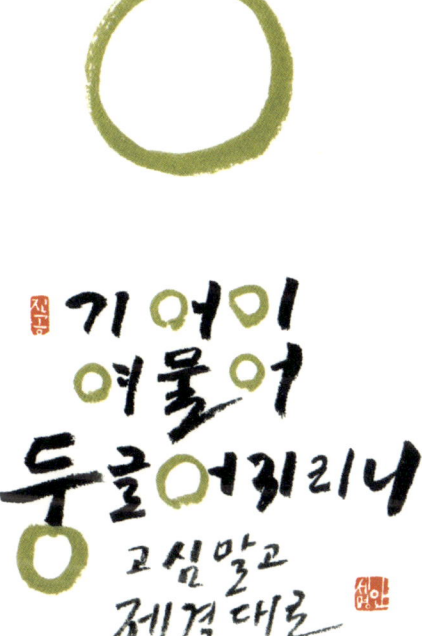

기 어미
여물어
둥글어지리니
고심말고
제결대로

온전의 힘, 청정한 기운

"교무님!
오늘 뇌졸중 환자 수술을 앞두고
마음 모으고 있습니다. 함께 기도해 주세요."

연산 김상수 박사님의 짧은 문자에
잠시 마음을 멈춰 일심을 챙깁니다.

"수술은 환자의 오랜 업장과 마주하는 순간이에요.
일원상 서원문과 청정주로 법신불에 합일합니다.
온전해진 입정入定의 힘이 너무나 절실합니다."

연산님 말씀에
일원의학一圓醫學의 본원을 헤아려 봅니다.

대산 종사 말씀하십니다.

"청정한 지혜는
다 선정으로부터 나오는 것인바
밝은 지혜가 솟아올라야

일체 음기가 녹고 사기가 제거되어서
업장이 물러나게 되느니라."

반월半月의 지혜

"나는 만월滿月보다
반월半月을 즐기노라.
만월은 반드시 이지러지는 때가 있을 것이나
저 반달은 점점 둥근 달을 향해 가기 때문이니라.
만월은 원만圓滿으로부터 부족不足으로 향하고,
반월은 부족으로부터 원만해가는 것이니라."

정산 종사님의 말씀은
언제나 부족한 저에게 용기와 힘을 주십니다.

사은이시여!

오늘도
드러남보다 실력 갖추는데 정성을 다하겠나이다.

오늘도 겸허의 길을 닦을 수 있어 행복합니다.

오늘도 원만으로 향해가는 제 자신을 축복합니다.

만월은
원만으로부터
부족으로 향하고

반월은
부족으로부터
원만으로 가나니라

단심丹心의 기도

"법신불 사은이시여!
피은자는 고백하옵나이다.

천지하감지위.
저의 몸과 마음이 일심이 되게 하옵소서.

부모하감지위.
저의 몸과 마음이 감사가 되게 하옵소서.

동포응감지위.
저의 몸과 마음이 보은이 되게 하옵소서.

법률응감지위.
저의 몸과 마음이 서원이 되게 하옵소서.

법신불 사은이시여.
오늘도 일심과 감사, 보은과 서원의
단심丹心이 되겠나이다.
일심으로 비옵나이다."

대종사 말씀하십니다.

"마음을 뭉쳐서 일편단심이 되면
큰 천지라도 능히 마음대로 움직일 수 있으나
마음이 풀어지고 흩어지면
모기 한 마리라도 어찌할 능력이 없는 것이다."

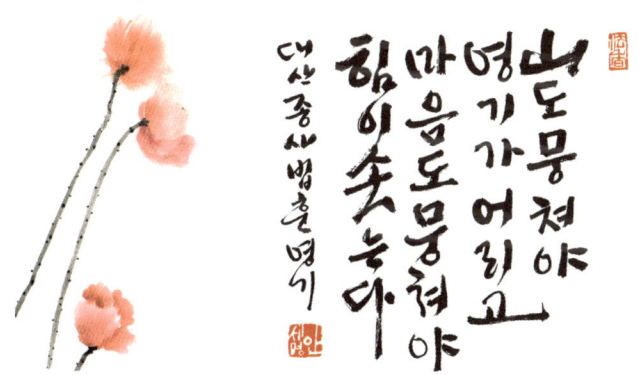

원력을 뭉치는 힘

"기도드리며 일심이 되면,
위력과 정력을 아울러 얻느니라."

정산 종사님의 법문은
사심 없는 지극한 마음이라야
심력과 위력을 함께 얻을 수 있음을 깨닫게 하십니다.

우리 공부인의 원력은 그렇게 커나갑니다.

예타원 전이창 종사 말씀하십니다.

"기도는
밖에서 위력을 얻는 동시에
안으로 스스로 원력을 뭉치는 길이다.
마치 나무에 거름을 주고 물을 주는 것과 같다.
조그만 싹이 나고 점점 자라서
마침내 아름드리나무가 되는 것처럼
기도를 자꾸 드리면 우리의 기원 나무가 아름드리로 커나간다.
그래서 기도는 간절한 원을 이루는 힘이요 길이다."

기도드리며
일심이 되면
외력과 정력을
아울러 얻나니라

정산종사법어 권도편

만번의 감사
만번의 행복

천지하감지위 · 부모하감지위 · 동포응감지위 · 법률응감지위

만번의 감사_만번의 행복
기도인들의 원력성취를 기원합니다.

성불제중 · 제생의세
진리신앙 · 정법수행
업장소멸 · 마장극복
대봉공인 · 대적공인
전법교화 · 일원가족
일심서원 · 원력성취
심신재계 · 법신호념
일심공사 · 일심위력
일원대도 · 법연지중
심신건강 · 법력증진
상생선연 · 만사성공
대도불사 · 복혜충만

법신불 사은이시여.
하감하시고 응감하시옵소서.
일심으로 비옵나이다.

※ 안세명 교무는 현재 10년 정진기도 중이며, 위 기도문으로 기원인들의 원력성취를 염원하고 있습니다.

※ 대산종사께서는 염념조불念念造佛·보보성불步步成佛로 자신조불自身造佛과 훈련정진할 것을 간절히 부촉하셨습니다.

〈안세명 書〉

백산 안세명 교무 柏山 安世明

원불교 교무
동양학석사(원광대학교 기공학)
철학박사(원광대학교 불교학)

경력
원불교 모현교당
원불교 시카고교당
원광대학교 대학교당
원불교100년기념성업회
(재)국제마음훈련원 사무국장
원불교신문사 업무국장
원불교신문사 편집국장
현 원불교출판사 편집위원
현 원불교출판사 서적 디자인
현 학교법인 훈산학원 감사
현 학교법인 정훈학원 감사
현 마음공작소 대표

SNS
만번의 감사 만번의 행복 페이스북 운영
원불교신문 안세명 교무의 법문편지 연재

저서 및 출판
선요가
은혜로운 마음공부, 그리고 행복 / 영한 번역
만번의 감사 만번의 행복 달력 출간

현담 조수현 교수 현송玄松 사사
선화 : 범해 김범수 교수 사사
서예 : 관촌 박태평 선생 사사
문인화 : 지원 오경자 선생 사사

만번의 감사
만번의 행복

2020년 7월 24일 초 판 1쇄 발행
2020년 8월 14일 개정판 1쇄 발행

글·그림	안세명
디자인에디터	은효
SNS에디터	심향
펴낸곳	도서출판 동남풍
펴낸이	주영삼
책임편집	천지은
출판등록	제1991-000001호(1991년 5월 18일)
주 소	54536 전북 익산시 익산대로 501
전화번호	063-854-0784
팩스번호	063-852-0784

www.wonbook.co.kr

인쇄	문덕인쇄

값 18,000원
ISBN 978-89-6288-047-2(03200)

* 잘못된 책은 바꿔드립니다.
* 이 책의 전부 또는 일부 내용을 재사용하려면 사전에 저작권자와
  도서출판 동남풍의 동의를 받아야 합니다.